# 数字新基建

## 重构数字经济的结构性力量

姚广辉 ◎ 著

中华工商联合出版社

图书在版编目(CIP)数据

数字新基建：重构数字经济的结构性力量 / 姚广辉著. -- 北京：中华工商联合出版社，2023.4
ISBN 978-7-5158-3668-3

Ⅰ.①数… Ⅱ.①姚… Ⅲ.①信息经济-研究-中国 Ⅳ.①F492

中国版本图书馆 CIP 数据核字（2023）第 075161 号

## 数字新基建：重构数字经济的结构性力量

| 作　　者：姚广辉 |
|---|
| 出 品 人：刘　刚 |
| 责任编辑：胡小英 |
| 装帧设计：金　刚 |
| 排版设计：精图博文设计 |
| 责任审读：付德华 |
| 责任印制：迈致红 |
| 出版发行：中华工商联合出版社有限责任公司 |
| 印　　刷：北京毅峰迅捷印刷有限公司 |
| 版　　次：2023 年 6 月第 1 版 |
| 印　　次：2023 年 6 月第 1 次印刷 |
| 开　　本：32 开 |
| 字　　数：140 千字 |
| 印　　张：7.5 |
| 书　　号：ISBN 978-7-5158-3668-3 |
| 定　　价：58.00 元 |

服务热线：010－58301130－0（前台）
销售热线：010－58302977（网店部）
　　　　　010－58302166（门店部）
　　　　　010－58302837（馆配部、新媒体部）
　　　　　010－58302813（团购部）
地址邮编：北京市西城区西环广场 A 座
　　　　　19－20 层，100044
http://www.chgslcbs.cn
投稿热线：010－58302907（总编室）
投稿邮箱：1621239583@qq.com

**工商联版图书**
版权所有　侵权必究

凡本社图书出现印装质量问题，请与印务部联系。

联系电话：010－58302915

# 数字新基建

全国农业科技创业创新联盟主席,国务院原参事、原农业部副部长
**刘 坚** 题写书名

# 前言

## 数字基建，通往元宇宙的现实路径

近几年，自从元宇宙的概念火热起来后，人们就一直在讨论有关元宇宙应用的话题。元宇宙的设计初衷远不止于成为一个简单的虚拟现实应用程序，随着各界投资人和科技巨头的加入，与元宇宙相关的概念股受到资本市场的热捧，越来越多的企业开始布局元宇宙市场。未来，它甚至将会对未来整个社会产生质的影响。

元宇宙，即通过整合多种数字技术而产生的新型虚实相融的社会形态和互联网应用，它是基于数字孪生技术生成现实世界的镜像，基于扩展现实技术提供沉浸式体验，基于区块链技术搭建经济体系，将虚拟与现实世界在一个崭新的社交系统、经济系统、身份系统中密切融合，并允许每个用户进行内容生产与编辑创作。

那么，元宇宙与新基建、数字基建有什么关系呢？

在移动互联网时代，我国通过"后发优势"成就了今天国内最大规模的互联网市场。而元宇宙作为未来新型数字基础设施之一，也应该像5G网络、云计算、人工智能等，开启一场大规模的"新基建"。有人说，元宇宙是下一代互联网，更是未来世界的数字经济，谁能抢占元宇宙的市场高地，谁就最有可能引领未来行业的发展。

而新基建不仅为我国经济实现全面战略转型提供了新支点、新引擎，其关键性、全局性、基础性特点鲜明。既能发挥基础支撑作用，又能统领全局，引领企业协同发展，为中国数字经济的发展奠定基础。

具体来说，根据国家发展和改革委员会（以下简称"发改委"）于2020年4月20日，在新闻发布会上划定新基建主要包括七大领域：5G基建、特高压、城际高铁与城市轨交、充电桩、数据中心、人工智能、工业互联网。划定的新基建范围主要包括以下三个方面内容。

第一，信息基础设施。主要是指基于新一代信息技术延伸出的基础设施，例如，以云计算、人工智能、区块链等为代表的新技术基础设施；以5G、工业互联网、卫星互联网、物联网为代表的通信网络基础设施；以数据中心、云计算中心为代表的算力基础设施等。

第二，融合基础设施。主要是指深度应用大数据、互联网、人工智能等技术，助力传统基础设施升级转型，从而实现融合基础设施。例如，智慧能源、智能交通基础设施等。

第三，创新基础设施。主要是指支撑产品研制、技术开发、科学研究的具有公益属性的基础设施，例如，科教基础设施、重大科技基础设施、产业技术创新基础设施等。

在上述三个方面的内容中，卫星互联网和区块链首次被纳入新基建的范畴。而无论是 AI、大数据还是 5G 等技术，都是我们打造未来数字世界的基础。元宇宙更需要在一个物理空间的基础上孪生出一个数字化的智能空间。目前，已经有许多企业开始通过数字技术打造类似的数字虚拟空间，这不仅是未来智慧城市和新基建的组成部分，亦是"元宇宙"的一部分。

但是，作为一种需要结合多种数字技术来实现的综合性应用，元宇宙场景从概念的诞生到真正落地实施还需要一些技术上的突破。例如，数字孪生、XR、区块链、人工智能等技术，能够从不同的维度实现元宇宙应用的虚拟分身、深度沉浸、立体视觉等功能；5G 网络技术能够为元宇宙提供通信基础；而多项数字技术的叠加融合则能推动元宇宙有序、稳定发展。因此，数字基建成了搭建元宇宙的基石，同时也是通往元宇宙的路径之一。

当现实空间与虚拟空间融合，我们除了要关注数字技术发展带来的变革，更要关注"价值"本身的意义。在元宇宙真正到来以前，数字技术的应用从某种程度上削弱了城市对劳动力及传统基础设施的依赖。随着时间的推移，新基建的经济效应逐渐显现。尤其是人工智能技术、智能制造的广泛应用，让我国受益于新基建驱动的许多地区吸引了大量外省企业到访投资。在未来，城市的功能与发展也会逐步发生改变，各地将加速推动向智慧城市建设的升级和转型。

2023 年是元宇宙概念逐渐落地的重要时期，在未来的几年里，元宇宙将会成为一个备受关注的领域，吸引着各行各业的人才和投资。

随着技术的不断进步和元宇宙生态的日益完善，人们将能够在虚拟空间中实现更加丰富多彩的体验，包括虚拟购物、虚拟旅游、虚拟教育等。同时，元宇宙还将会为各行各业的人们带来更多的商机和发展空间，推动数字经济的快速发展。

在这个充满机遇和挑战的时代，我们需要以开放的心态和创新的精神，共同探索元宇宙这个新世界，为未来的发展开辟更加广阔的空间。

如何在这重要的历史交汇期贯彻新发展理念、构建新发展格局，总结过往经验、谋划未来，对于适应数字基建的新发展阶段具有重要的意义。就我国现阶段发展而言，重点需要统筹规划、循序渐进地建立跨领域的平台组织和规制，加快技术和管理迭代，并及时做好数据资产归属、价值评估以及交易的法制性建设等。

无论是实现元宇宙还是"十四五"的规划目标，这条道路道阻且长，需要我们多方共同努力，相信随着数字新基建技术逐渐地成熟，将会不断增强我们探索元宇宙的助力，同时帮助人类社会早日打开元宇宙的未来时空之门！

# 推荐序

2018年12月，中央经济工作会议首次提出新型基础设施概念，会议提出"加快5G商用步伐，加强人工智能、工业互联网、物联网等新型基础设施建设，加大城际交通、物流、市政基础设施等投资力度"。2023年，中央经济工作会议指出将会继续推动新时代的新基建建设。新基建将成为中国经济发展的新引擎，促进数字经济、智能制造、绿色能源等领域的快速发展，为经济转型升级提供有力支撑。

未来，新基建建设将成为我国发展的重要动力，为人民群众提供更加便捷、高效、智能的服务和生活方式。我们需要坚持创新驱动、协同共赢的理念，推动新基建建设不断向纵深发展，助力中国经济持续健康发展。

近年来，全球新一轮信息革命和产业变革愈演愈烈，对经济社会发展产生了深远的影响。"十四五"期间，我国将加快数字化转型发展，推动数字中国建设，加快数字经济、数字社会、数字政府建设，以数字化转型整体驱动生产方式、生活方式和治理方式变革。

**数字新基建**
　　——重构数字经济的结构性力量

　　新基建是支撑数字化转型的关键基础设施，是引领数字经济业态创新发展的关键。我们也欣喜地看到，从核心基础软硬件到新技术应用，正在涌现出一批拥有自主知识产权的网络科技企业，有力支撑和护航整个数字化转型进程。

　　新基建是关系社会长远发展的一次重大战略部署，也是引领企业提档升级发展的一次重要战略机遇。未来，源自数字化、网络化、智能化的消费升级需求还将进一步深化，5G、大数据、人工智能等方面新基建的推进将为消费提档升级提供重要支撑，同时智能化消费需求的升级将会进一步倒逼技术创新发展和深化应用。供给创新和消费升级两大引擎将持续不断推动社会创新发展，开启发展新时代。

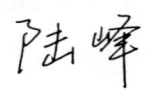

陆峰

工业和信息化部赛迪研究院副所长

# 推荐序

近几年，我国信息基础设施建设明显加快，大数据、移动互联网、人工智能、云计算、区块链等信息领域的数字技术不断迭代演进，渐渐融入人们社会生活的各个领域。数字技术也成了推动社会经济发展的先导力量，智能化正在成为企业谋求竞争优势的重要手段。

自新冠肺炎疫情发生以来，尽管我国的社会经济受到了巨大的冲击。但与此同时，线上经济、云经济的崛起激活了数字经济的活力，加速了我国数字经济的新业态和新发展模式。不得不说，这既是疫情倒逼，加快企业数字化、智能化转型的结果，也在一定程度上引领了未来新的发展方向。

为了促进新基建落地，我国政府采取了一系列支持举措，其中主要包括以下几点：

1. 建立专项资金：政府出台了多项扶持新基建发展的专项资金，如数字中国建设基金、工业互联网发展基金等，通过向企业和项目提供资金支持来促进新基建的发展和落地。

2. 优化投融资环境：政府通过改革融资体制，完善投资和融资机制，降低融资成本和风险，提高企业投资新基建的积极性，同时加强监管和风险防范，确保资金的有效使用。

3. 扩大市场需求：政府加大对数字经济、智能制造、绿色能源等新兴产业的扶持力度，提高市场需求，为新基建项目提供更广阔的发展空间和市场机遇。

4. 加强政策引导：政府对新基建项目的政策支持力度不断加大，如出台税收优惠政策、降低融资门槛、建立多种投资机制等，为企业和项目提供更加有力的政策保障和引导。

5. 加强国际合作：政府积极开展国际合作，加强与"一带一路"沿线国家的合作，提供投资和市场机会，为新基建的落地和发展提供更加广阔的空间。

这些政策的实施，将有助于推动新基建领域的发展，加快新基建项目的落地和推广，同时提高项目的质量和效益，为中国经济的持续健康发展注入强劲动力。

广辉院长在本书中讲到，从长期发展来看，无论是全国性的经济发展还是区域性的经济建设，都要求开展大规模的新基建，而根据世界知识产权组织 WIPO[1]（World Intellectual Property Organization，WIPO）发布的《突破性创新与经济增长》报告指出，创新驱动可以通过推动资本深化、推动人力资本增长、提高企业生产效率、推进

---

1. 世界知识产权组织的英文缩写。全称是 World Intellectual Property Organization.

经济结构转型4个路径助力经济创新转型,由此我国将迈入一个崭新的"大创新时代"。

而在这样的时代背景下,新一轮产业变革和科技革命加速推进,新业态、新场景大量涌现,我们聚焦讨论中国新基建和企业的数字化未来这一宏观主题,可以说正好恰逢其时,很有时代意义。而姚老师在本书中分享的观点更值得我们借鉴和思考。

我们看到,在这场疫情防控阻击战中,大数据、人工智能等数字技术发挥了重要作用。例如,有些企业采用云计算技术开展线上就业服务,确保招聘流程零接触;还有的企业实现了线上管控产品研发过程,实现了居家办公的新型工作模式。近两年,越来越多的央企基于数字技术开发了VR全景虚拟导购云平台,推动了生产经营与数字技术的深度融合,展现了企业在新基建和数字化赋能下所展现出的勃勃生机。

由此可见,企业数字化转型势在必行,而本书所探讨的新基建辐射的几大领域,不仅代表了中国未来经济的发展方向,也是我国深化供给侧结构性改革、推动中国经济高质量发展的重要引擎。企业应顺势而为,站在新一代产业变革浪潮和技术革命的战略高度,持续增强企业发展内生动力,积极投入数字化转型,迎接新基建带来的机遇与挑战。

当然,要想稳步有序地推进新基建,不只是经济的数字化转型,更不是一两个企业担当作为就能实现,而需要全社会协同推进。包括充分发挥中国特色社会主义制度的显著优势，加强顶层设计，强化战略引领等，共同推动企业数字化、智能化升级。

在 2023 年的中央经济工作会议上，我国政府进一步强调了新基建的重要性和发展方向。会议指出，新基建是推动数字化、网络化、智能化、绿色化转型升级的重要途径，是加快经济结构调整、提高创新能力和竞争力的重要抓手。因此，政府将继续加大对新基建领域的支持力度，促进新基建项目的快速推进和落地。

具体而言，会议提出了以下几点：

1. 加快 5G 网络建设：政府将继续推进 5G 网络建设，进一步拓展 5G 应用场景，加快 5G 技术的商业化应用。同时，加强对 5G 网络的安全保障，保护用户隐私和信息安全。

2. 推进工业互联网：政府将加强工业互联网平台建设，推动制造业数字化转型，提高产业智能化水平。同时，加强对工业互联网平台的监管和安全保障，防止信息泄露和网络攻击。

3. 推进智慧城市建设：政府将积极推进智慧城市建设，提高城市治理水平和公共服务能力。重点推动城市数字化、智能化和绿色化发展，加快建设智能交通、智慧能源、智慧医疗等方面的应用。

4. 推进新能源和节能环保：政府将继续推进新能源和节能环保领域的发展，加快绿色能源的普及和应用，提高能源利用效率，推动低碳经济发展。

5. 加强基础设施建设：政府将加大对基础设施建设的投入，加快城市交通、水利、电力、通信等领域的改善和升级，为新基建项目提供更好的基础设施支持。

这些措施将有助于推动新基建领域的快速发展和落地，为中国经济的可持续发展注入强大的动力。

未来漫漫，道阻且长。正因如此，我们的市场才需要更多如广辉院长这样的专家，指导中国的企业同力同心，共克时艰。构筑人类命运共同体并非一句虚言，更不是短时间内能够实现的，但我们相信，在党中央的坚强领导下，在中国企业家的共同努力下，我们一定能够乘着新基建的东风，重塑产业链、价值链、供应链、化危为机，携手打造中国经济的数字化未来。

最后，预祝姚广辉院长的作品收获同我一样的更多读者，祝愿我们中国经济的数字化未来更加美好！

国家信息中心

# 推荐序

通过姚广辉院长的这本新基建，我既看到了我国新型基础设施建设的力度，也感受到了未来还有更多企业等待我们去扶持。

许多年前，我曾到某地一家科技公司进行考察，详细了解了该企业的技术研发应用、企业经营管理及人才培养、引进等情况，并与当时的企业负责人进行了深度交流，共同探讨在新基建大环境和政策引导下，企业面临的优势与困难。我们一致认为，要驱动引领产业创新发展，努力攻克"壁垒瓶颈"，持续攻坚"卡脖子"关键技术，推动企业信息产业发展壮大是关键。

在我看来，电子信息产业在我国依然是想象空间巨大、拥有无限潜能的朝阳产业，我国许多企业在这方面都具有良好的基础和广阔的发展前景。而这些企业要做的就是坚定信心，把握趋势，锚定主攻方向，抢占发展的制高点，努力将信息产业打造成当地乃至国家经济发展新增长极。

目前，我们熟知的"二八定律"与"长尾理论"在市场经济中其实是并存的，尤其在未来那些新经济形态中，小众化、个性化、定制化的新需求已被市场激活，形成了"长尾"，成为市场中新的引爆点。在这样的前提下，我们既要"抓大"，继续支持产业链中的"头部"企业，提高产能、释放潜能、增强动能。同时也要大力"扶小"，创造新的需求点，以敏锐眼光培育未来的"独角兽"企业，从而推进我国信息全产业链的发展。

未来，想要迅速推进我国信息产业发展，就要既做"实"，也做"虚"，虚实结合、相互促进。尤其是要推进数字赋能，大力支持企业数字平台发展，带动传统产业数字化升级。至于如何升级，"新基建"就是一次很好的契机，以新型信息消费需求为导向，在医疗、教育、养老等领域，推进"三强一化"、落实"三高四新"、推动实体经济和数字经济产业链相互融合。这将吸引更多企业落地并带动相关就业。也只有通过发展信息产业，以产业促进发展，才会有越来越多的企业摘除"贫困帽"，凝心聚力迈向高质量发展的新台阶。

百尺竿头更进一步。看，他们正迈着矫健的步伐走上真正的康庄大道。

中国电子信息产业发展研究院安全产业所副所长

# 自序

在变局中开新局，于危机中育新机。

随着 2023 年的到来，投资增长的风口再次吹向了中国，新基建成为一个备受关注的领域。在我看来，新基建不仅是一种经济发展的方式，更是一种对未来社会的探索和设计。它不仅仅是一种硬件建设，更是一种数字经济和智能经济的构建。在这个领域，数字技术和互联网技术的应用将引领未来的经济发展，使得经济发展更加智能化、绿色化和可持续化。

当然，新基建的发展也面临着一些挑战和风险。首先是资金的投入和使用效益的问题，需要政府和企业在资金使用上更加理性和规范，避免出现浪费和重复建设。其次是技术的应用和创新，需要政府和企业加强创新和研发，掌握核心技术和知识产权。最后是对环境和社会的影响，需要政府和企业关注环境和社会的可持续性，避免新基建对环境和社会造成负面影响。

因此，我们需要更加理性和系统地看待新基建的发展，充分利用数字技术和互联网技术的优势，推动经济高质量发展和结构转型。

同时，也需要关注新基建的影响和风险，保证其发展符合可持续发展的要求，为未来社会的可持续发展奠定更加坚实的基础。

由此可见，对于数字经济等"新基建"的建设，无论是在国家政策层面还是地方的产业规划中都在快马加鞭地进行。

值得一提的是，国务院于 2022 年 1 月 12 日发布的《"十四五"数字经济发展规划》中明确提出，到 2025 年，我国数字经济核心产业增加值将占我国 GDP 的 10%，预估约为 15 万亿元，但目前这个比重只占 7.8% 左右。如果算上我国数字经济的总产值，到 2025 年则有望突破 80 万亿元，到 2030 年我国的数字经济体量甚至有望突破 100 万亿元，数字经济的发展潜力不容小觑。

客观地说，经过连续多年大规模投资发展，如果始终依靠传统基建维持高速增长不太现实。与之相反，面向未来的数字新基建，其发展空间巨大，并且是拉动我国经济增长的重要途径。

不难预见，在未来的新基建建设中，数字基建首当其冲。尤其在"十四五"规划纲要中，明确提出了数字经济的 7 大重点产业，包括大数据、云计算、物联网、人工智能、区块链、工业互联网、虚拟现实和增强现实。作为政府投资的重要组成部分，数字基建投资是重中之重。当前我国稳增长的政策明确，而数字化的基础设施建设无疑是稳增长的重要引擎。

近年来，互联网走到新的十字路口，红利见顶、内卷昭然。我们亦看到美国企业 Facebook 带头以元宇宙概念重新打开了科技世界的大门，于是有了 Meta 更名、英伟达、微软等巨头纷纷入局、搭建自己的"罗马城"，这就是现实。当我们即便去往一个崭新的时代，元宇宙作为未来新型数字基础设施，同样会像 5G、云计算、人工智能一样，展开一场大规模的"新基建"。新基建加速催生新职业，新场景创造新机遇，而元宇宙就是新机遇，元宇宙的核心思想就是"场景交互"。而这一"现实"便是我创作本书的初衷。既然在未来很长一段时间内，我们都逃不掉这个话题，不妨一起来正面讨论。

新基建早已不是什么新概念，早在 2018 年 12 月，中央经济工作会议首次提出"新基建"的概念后，关于企业投资新基建的热潮就已拉开了序幕。此后，"新基建"一词在中央政治局会议等众多重要会议中被屡次提及。尤其在"十四五"时期，在疫情冲击下，新基建逆势而上，成为"两新一重"投资的重点领域。毫无疑问，新基建必将为我国中长期经济发展提供新动能、注入新活力，是支撑我国经济数字化转型的核心底座。

在创作本书期间我进行了大量实践调研，目前市场中关于以"新基建"为轴心展开创作的图书层出不穷。在这期间，我有幸参与了《互联网营销师国家职业技能标准》的起草和编写，将新基建、新职业进行了全面地分析。直到今日，我可以透过一系列政策和数据，越来越笃定新基建稳增长的东风已经成为市场共识，我才更愿意、也更有信心和大家一起畅所欲言，迎接新基建带来的新职业、新动能、新机遇。唯有如此，才不负读者朋友们的期待与关注。

风物长宜放眼量。

犹记得 2021 年 7 月，我经过一年半的撰写，《无接触商业》讲述企业数字化转型升级的图书终于出版发行。此刻，我和当时的想法一样，就是要让更多的朋友探讨、研究和创新，提出更多不同的观点，才能促进新模式、新业态的广泛应用，推进行业的不断完善与提升。

我从 2001 年开始从事通信讯领域工作，到 2003 年研究互联网、电子商务；从 2008 年研究软件技术并开发教育、航空软件，到 2014 年在工信部中国电子商务负责县域电商、社交电商、电商扶贫；从 2016 成立社交电商产业发展委员会，到 2018 年推动直播电商、数字商务为代表的互联网经济赋能实体经济；从 2021 年开始，互联网、大数据、人工智能、数字经济、元宇宙等都和新基建息息相关。我愿意一次次去挑战自己的极限，并在历经更多苦乐交织、跌宕神奇的体验后，一次次抵达巅峰的应许之地。

是为序。

县学（北京）电子商务技术研究院

# 目录
## CONTENTS

**第一章　中国启动新基建正当时 / 001**

揭开新基建的神秘面纱 / 002

新基建到底新在哪儿 / 010

加速新基建建设的意义 / 013

抓住新基建的风口，谋划万亿投资版图 / 017

**第二章　5G基建：夯实中国数字经济底座 / 029**

5G引领智能社会新生态 / 030

5G赋能千行百业 / 039

5G基建产业链图谱 / 043

**第三章　特高压：打通电力数字化转型高速路 / 053**

特高压：未来智慧能源的"心脏" / 054

特高压输电及其意义 / 058

中国特高压的变革与创新 / 065

特高压产业链的未来掘金池 / 069

001

## 第四章　城际高速铁路与城市轨道交通：
## 铁路经济重构城市未来空间 / 075

城际高速铁路：重构城市经济格局 / 076

轨道交通的五大类型 / 080

城市轨道交通产业链趋势分析 / 086

走向中国交通强国之路 / 091

## 第五章　新能源汽车充电桩：为新能源汽车市场发展
## 保驾护航 / 095

了解新能源汽车充电桩 / 096

充电桩衍生出的新商业模式和盈利模式 / 103

充电桩产业的运营之困与未来行动路径分析 / 109

正在全球化的充电桩产业链 / 113

【新基建起航】核心企业与投资热点　117

## 第六章　数据中心：数字经济的科技"粮仓" / 119

数字经济催生数据中心崛起 / 120

"三驾马车"驱动数据产业转型 / 124

数据中心的优势与实现路径 / 128

"云数据中心"落地方案 / 133

## 第七章　人工智能：驱动产业转型，智能商业加速到来 / 139

人工智能改变未来 / 140

传统产业的智能化转型 / 144

人工智能+：新一轮产业变革的核心力量 / 151

人工智能商业化：AI+未来 / 155

【新基建起航】核心企业与投资热点　158

## 第八章　工业互联网：赋能传统行业转型 / 161

重塑未来经济的新基石 / 162

我国工业互联网化的行动路径 / 167

工业互联网平台的架构及类型 / 172

工业互联网驱动企业数字化转型 / 175

【新基建起航】核心企业与投资热点　179

## 第九章　新基建延展：卫星互联网与区块链开启数字经济下半场 / 183

卫星互联网：元宇宙中的"空中基站" / 184

卫星互联网对我国航天业的影响 / 195

区块链：从"连接"到"链接"的万亿级
新赛道 / 200

"链"接未来："区块链+"赋能"新基建" / 205

# 后记 / 211

# 第一章

# 中国启动新基建正当时

全球经济正处于一个大变局之中。在这个大变局中，中国经济的发展也面临新的挑战和机遇。随着中国经济由高速增长转向高质量发展，中国正在逐步成为全球经济的重要引擎。同时，中国也在积极推进结构调整和转型升级，加强数字经济和智能制造等新兴产业的发展。这些举措不仅有利于中国经济的可持续发展，也为全球经济的发展提供了新的增长动力和机遇。从中央开始部署，到地方响应落实；从被资本市场认可，到企业参与其中。在全球经济大变局背景下，新基建不只是中国经济领域的新热点，更是数字经济时代中国经济复苏的新引擎。

数字新基建
——重构数字经济的结构性力量

# 揭开新基建的神秘面纱

在人们传统的观念中，基础设施主要是指为社会生产及居民生活提供公共服务的基础工程设施，是保证一个国家或地区经济活动正常、有序运转的公共服务系统，是社会生存发展的基础物质条件。在过去的几十年中，我国的基础设施建设作为社会经济的重要支撑，对改善我国人民生活质量、提升生产效率起到了一定的促进作用。随着社会生产、生活模式的升级与转型，很多原有的基础设施已经难以满足社会的高效运转需求，在这样的背景下，新基建呼之欲出。新基建作为一项系统工程，其建设并非一蹴而就，更不是靠政府一己之力推动就能完成的，而是需要汇集各方力量，相互协作，持续推进。

## 1. 新基建的发展时间脉络

新基建的发展时间脉络见表1-1。

表1-1 新基建的发展时间脉络

| 时间 | 被提及场合 | 具体内容 |
|---|---|---|
| 2016年12月19日 | 国务院 | 印发《"十三五"国家战略性新兴产业发展规划》，该文件指出，到2020年，要实现"战略性新兴产业增加值占国内生产总值比重达到15%，形成新一代信息技术、高端制造、生物、绿色低碳、数字创意等5个产值规模10万亿元级的新支柱" |

续表

| 时间 | 被提及场合 | 具体内容 |
|---|---|---|
| 2017年10月18日 | 党的十九大报告 | 正式提出中国经济已由高速增长阶段转向高质量发展阶段 |
| 2018年12月 | 中央经济工作会议 | 明确提出加快5G商用步伐，加强人工智能、工业互联网、物联网等新型基础设施建设，"新基建"作为新名词开始出现在国家层面的文件中 |
| 2019年3月2日 | 科创板"2+6"规则正式落地 | 以5G、人工智能、特高压等为代表的新基建在资本市场得到认可 |
| 2019年3月 | 第十三届全国人民代表大会第二次会议 | 国家发展和改革委员会提出推动工业互联网创新发展与电子商务、智能制造有机结合 |
| 2019年7月30日 | 中共中央政治局会议 | 稳定制造业投资，实施城镇老旧小区改造，加快推进信息网络建设 |
| 2019年12月10日 | 中央经济工作会议 | 加强战略性、网络型基础设施建设，推进通信网络建设 |
| 2020年1月3日 | 国务院常务会议 | 明确提出大力发展制造业，出台新基建支持政策，推进智能制造、绿色制造 |
| 2020年2月14日 | 中央全面深化改革委员会第十二次会议 | 统筹传统和新基建协同发展，打造安全、高效、适用的现代化基础设施体系 |
| 2020年2月21日 | 中共中央政治局会议 | 加大试剂、药品、疫苗研发力度，推动传统产业转型升级 |
| 2020年2月23日 | 统筹推进新冠肺炎疫情防控和经济社会发展工作部署会议 | 在线消费、在线医疗、无人配送、智能制造等新兴产业显示出增长潜力，需要继续改造、培育、壮大新兴产业 |
| 2020年3月4日 | 中共中央政治局常务委员会会议 | 加大公共卫生服务建设，加快5G网络、数据中心等新基建的进度，调动民间投资的积极性 |
| 2020年3月25日 | 工业和信息化部 | 加快数字新基建建设 |
| 2020年4月20日 | 国家发展和改革委员会新闻发布会 | 发布了新基建的范围，除了之前宣布的七大领域之外，新增了卫星互联网和区块链 |

续表

| 时间 | 被提及场合 | 具体内容 |
|---|---|---|
| 2020年5月7日 | 上海市政府新闻发布会 | 发布了《上海市推进新型基础设施建设行动方案（2020—2022年）》，梳理了未来3年实施的第一批48个重大项目和新基建工程，包括各级政府的600亿元投资和2100亿元的社会投资 |
| 2020年5月22日 | 第十三届全国人民代表大会第三次会议 | 2020年《政府工作报告》指出，重点支持"两新一重"建设 |
| 2021年1月31日 | 中共中央办公厅、国务院办公厅 | 印发《建设高标准市场体系行动方案》，指出我国要加大新型基础设施投资力度，推动5G、人工智能、云计算、区块链、物联网、工业互联网等通信网络基础设施建设 |
| 2020年12月22日 | 工业和信息化部 | 工信部印发了《工业互联网创新发展行动计划（2021—2023年）》提出到2023年，覆盖各地区、各行业的工业互联网网络基础设施将初步建成，同时建成我国工业互联网大数据中心体系 |
| 2021年3月11日 | 十三届全国人大四次会议 | 通过了《中华人民共和国国民经济和社会发展第十四个五年规划和2035年远景目标纲要》（简称"十四五"规划）。明确提出，我国要加快数字经济与数字基建发展，坚持把发展经济着力点放在实体经济上，坚定不移建设制造强国、质量强国、网络强国、数字中国，推进产业基础高级化、产业链现代化，提高经济质量效益和核心竞争力 |
| 2022年1月12日 | 国务院办公厅 | 发布了《"十四五"数字经济发展规划》，要求推进云网协同和算网融合发展，加快建设信息网络基础设施，有序推进基础设施智能升级。到2035年，力争形成统一公平、竞争有序、成熟完备的数字经济现代市场体系，数字经济发展水平位居世界前列 |
| 2022年3月5日 | 国务院办公厅 | 国务院发布了《政府工作报告》，围绕"十四五"规划和国家重大战略部署，适度超前开展基础设施投资。破解投资难题，优化投资结构，切实把投资关键作用发挥出来 |

第一章 中国启动新基建正当时

续表

| 时间 | 被提及场合 | 具体内容 |
| --- | --- | --- |
| 2022年3月29日 | 国务院常务会议 | 会议明确指出，水利工程是民生工程、发展工程、安全工程。2022年陆续开工一批已纳入规划、条件成熟的项目，包括南水北调后续工程等重大引调水、骨干防洪减灾和改造等工程。会议同时要求确保工程质量，保障项目运行安全 |
| 2022年4月1日 | 国家发展和改革委员会"十四五"规划102项重大工程实施部联席会议 | 会议要求，各部门要坚决贯彻习近平总书记重要指示精神，按照2022年工作要点部署，强化协同配合，加强组织领导，确保102项重大工程每一项任务落地见效。尤其要在防范化解各类风险基础上，扎实做好推进项目前期工作，加快在建项目建设 |
| 2022年10月16日 | 中国共产党第二十次全国代表大会 | 党的二十大报告指出，基础设施是经济社会发展的重要支撑，中国数字基础设施实现跨越发展，尤其我国移动通信技术从3G到5G，逐步实现了网络强国、数字中国。同时提出适度超前部署新基建，筑牢数字经济发展基础，打通经济社会发展的信息"大动脉"。加快建设制造强国、质量强国、航天强国、交通强国、网络强国、数字中国等重大战略的提出，更是为我国进一步推进产业转型和数字转型指明了方向，提供了路径 |
| 2023年1月5日 | 国务院国资委召开中央企业负责人会议 | 此次会议明确了2023年国有资产和央企生产经营、改革发展的重点任务，将加大对新基建的投入。政府将主导有针对性的刺激措施，预计将与高质量发展和供应链安全等方面密切结合，以实现中央经济工作会议所强调的"产业政策要发展和安全并举"的目标。此外，考虑到2023年地方政府债务集中到期高峰的情况，国家也可能成立新的投资主体，持续推动西部基建、水利建设等老基建领域的发展 |

005

根据表1-1的时间线来看，早在2018年12月中央经济工作会议上，新型基础设施建设已经被首次提出，后被屡次提及。2020年以来，中央一系列会议对"新基建"进行了密集部署，新基建从部署层面向落地阶段稳步推进。2020年3月4日，中共中央政治局常务委员会再次强调，要加快5G网络、数据中心等新型基础设施建设的进度，说明新基建已经进入了加速发展的新阶段。2020年5月22日，在《政府工作报告》中，国家提出将重点支持并推进"两新一重"建设（新型基础设施建设、新型城镇化建设，交通、水利等重大工程建设）。至此，新基建再次成为众人瞩目的焦点。

习近平总书记在2021年10月18日主持十九届中央政治局第三十四次集体学习时指出："数字经济事关国家发展大局""发展数字经济是把握新一轮科技革命和产业变革新机遇的战略选择"。

当前，我国的数字新基建在党的二十大精神号召下，迈上新征程，而我国的数字技术也正在加速融入社会经济发展的各个领域，成为重塑全球经济、改变全球竞争格局、重组全球资源要素的关键力量。接下来，我国将继续坚持以推动高质量发展为主题，以数字经济为着力点，加快5G、工业互联网、智能制造等产业的创新驱动，推动我国的工业化与信息化向着更高水平、更深的程度和更广的范围融合发展。

目前，我国经济正处于新旧动能转换、产业转型升级的关键时期，而新基建投资建设兼顾供给侧与需求侧，无论在短期还是长期都会比出口和消费产生更大的影响，从而起到压舱石的作用。随着中国经济正在向数字化加速转型，产业数字化和数字产业化高度融合，这对传统产业尤其是制造业造成了巨大的冲击。即便没有新冠肺炎疫情的影响，传统产业也亟须相应的数字基础设施升级。同时，以 5G、人工智能为代表的数字经济技术也为新基建的未来产业发展增添新的动力。

毋庸置疑，新基建是中国经济社会发展的重要支撑。2022 年以来，重大基础设施建设在助力维稳经济大盘中发挥了积极作用。2022 年 9 月 26 日，国家发展和改革委员会在新闻发布会上公开表示，下一步，我国有关部门将进一步加速拓展有效投资空间，让一系列重大基础设施项目投产落地，真正释放中国经济增长潜力，培育经济增长新动能，助力中国经济转型升级。

从我国财政部的支出来看，近年下达的专项债重点流向新基建。其中，2022 年下达 1.46 万亿元的专项债额度，明确用于交通基础设施、能源、农林水利、生态环保等 9 个大方向。

2023 年，多个部门都将推出支持新基建的政策。国家发改委表示，将会同有关方面，进一步加力支持新基建，引导支持社会资本加大相关领域投入。支持各地通过地方政府专项建设债券加大对新基建的投入力度，拓宽支持领域和适用范围，支持地方在公共技术服务、数字化转型等方面搭建平台，为经济转型和企业创新发展提供条件。国家发改委政策研究室负责人表示："从国家层面，春节前后集中下达一批中央预算内投资，支持新型基础设施领域重大项目建设，特别是将显著加大对中西部偏远地区信息网络建设投入，着力补齐短板弱项。"

无论任何领域和方向，建设"新基建"，关键在"新"。从这个角度而言，"新基建"是有时代烙印的。如果说20年前我国的基建主要是铁路、公路、机场建设的话，那么，未来10~20年，支撑我国经济社会繁荣发展的"新基建"，则是用改革创新的方式推动新一轮基础设施建设，而非重走老路。唯有新的领域、新的地区、新的方式、新的主体、新的内涵才能擘画出一个前景广阔、韧性强的中国数字新基建蓝图！

## 2. 新基建的概念及特征

2020年4月20日，国家发展和改革委员会召开4月例行新闻发布会，首次就新基建概念做出明确的解释。

**新型基础设施建设，简称新基建，是以新发展理念为引领，以技术创新为驱动，以信息网络为基础，面向高质量发展需要，提供数字转型、智能升级、融合创新等服务的基础设施体系**——这是国家发展和改革委员会给出的关于新基建的完整定义。

纵观新基建的细分领域，涉及电力、通信、交通、数字经济等多个与社会民生息息相关的重点行业，具有鲜明的时代特征。

### （1）新技术

在这个信息化时代，唯有新一代信息技术才能满足新一轮的高新技术基础设施建设，而新一代信息技术包括大数据、云计算、人工智能等，以及其分项、子项，要将这些信息技术物化为基础设施。

### （2）新需求

如果说数字经济是转型升级过程中的国家级战略，那么新型基础设施是转型过程中满足不断出现的社会新需求的工具和利器。例如，在新冠肺炎疫情防控工作中，疫情筛查、医用物资生产调运、生活物资网购、在线教育云课堂、在线协同办公、远程线上医疗、有序复工复产等，本质上都是数字基础设施起到了保障和支撑作用。

### （3）新机制

新型基础设施除了具有社会公用的作用外，更多具有明显的行业特征，尤其需要信息技术企业和工业企业协同推进。因此，加速新基建的发展，要推进信息技术与制造产业协同等新机制的落地，同时推进电子信息产业与垂直行业深度跨界融合。

## 3. 新基建在抗疫方面起到的重要作用

如果时光倒回至 2019 年 12 月底，想必所有人未曾想到我们会经历这样一场考验。新冠疫情给世界的文明秩序造成了不同程度的影响。3 年过去了，如今新冠肺炎疫情防控形势向好，除了离不开各行各业坚守岗位的工作者背后的默默努力，更离不开以数字化、人工智能、云计算、数据中心为代表的"新基建"发挥的重要作用。

数字技术是奋战在防疫一线工作人员的坚强后盾。例如，借助数字技术和算力支撑，AI助力新冠病毒诊断，开展人员筛查，严控病毒传播路径，精准防控等，同时催生了各个领域的新业态，例如，无接触快递、线上办公、就诊、云会议、云看房、健身直播等。在未来的疫情防控中，还会有大量的数字技术被广泛应用到各行各业。

## 新基建到底新在哪儿

新基建是面向国家新的战略需求，是与传统的"铁公基"相对应的新型基础设施建设。传统基建主要包括机场、公路、桥梁、港口、水利等基础设施建设。根据产业变革特征同时结合新一轮科技革命，为我国经济社会创新、协调、绿色、开放、共享发展提供底层支撑和网络型基础设施建设。

### 1. 新基建的"新"内容

起初，新基建主要包含5G基站建设、特高压、城际高速铁路和城市轨道交通、新能源汽车充电桩、大数据中心、人工智能、工业互联网七大领域，而在此次会议上，国家发展和改革委员会首次明确新型基础设施的范围，将卫星互联网和区块链纳入通信网络基础设施范围。新基建主要包括5G基站建设、特高压、城际高速铁路和城市轨道交通、新能源汽车充电桩、大数据中心、人工智能、工业互联网、卫星互联网、区块链九大领域。新基建涉及的九大领域"新"内容见表1-2。

表1-2 新基建涉及的九大领域"新"内容

| 涉及领域 | "新"内容 | 目标 |
| --- | --- | --- |
| 5G基站建设 | 围绕5G基站、核心网、传输等研发与部署基础网络设备；升级、改造和储备供电、机房、管线、铁塔等；5G新型云化业务与新业务以及各种垂直行业应用协同发展；围绕车联网的车、路、网协同基础设施；围绕物联网云、网、端等建设新型基础设施等 | 2025年，建成5G基站500万~550万个，5G基本覆盖全国。以每个基站平均50万元计算，将直接拉动基站投资约2.5万亿元 |
| 特高压 | 安装电气设备、扩建变电站、换流站土建等 | 2022年我国特高压项目中仅国家电网计划开工的，就有"10交3直"共13条特高压线路。在"十四五"期间，国网规划建设特高压工程"24交14直"，涉及线路达3万余千米，总投资3800亿元。预计到2025年，中国特高压长度有望突破4万千米 |
| 城际高速铁路和城市轨道交通 | 建设通车线路 | 到2035年，中国铁路网运营里程达到20万千米，比目前再延长约6万千米，其中高铁7万千米左右，比目前再延长约3.4万千米。到2050年全面建成现代化铁路强国 |

续表

| 涉及领域 | "新"内容 | 目标 |
| --- | --- | --- |
| 新能源汽车充电桩 | 建设充电桩、充电场站 | 预计2025年中国新能源汽车保有量达2672万辆，纯电动汽车达2324万辆。未来，中国充电基础设施体系将满足超过2000万辆电动汽车的充电需求，预计到2025年我国充电桩数量将达6543万台 |
| 大数据中心 | 建设互联网交换中心、数据服务平台、传输光纤等支撑数据中心发展网络及服务设施；建设机房楼、生产管理楼等数据中心；IDC业务部署与应用协同；打造卫星大数据、车辆网等垂直领域的大数据研发及产业化项目 | 数据中心实现大规模化发展，以满足我国快速发展的数据存储需求。计划到2025年，建成一定数量的大型、超大型数据中心和边缘数据中心 |
| 人工智能 | 搭建通用智能计算平台；AI芯片等底层硬件发展；建设智能交互、智能感知处理等基础研发中心；建设人工智能创新发展试验区 | 到2023年，建设20个左右新一代人工智能创新发展试验区 |
| 工业互联网 | 建设工业互联网平台；建设工业互联网网络；建设工业互联网试点示范项目 | 到2025年，形成3～5家具有国际竞争力的工业互联网平台，实现百万企业上云及百万工业App落地 |
| 卫星互联网 | 2020年，卫星互联网首次被纳入新基建范围，北斗系统实现全球组网 | 在地球的任何一个地方都可以享受北斗卫星的定位、导航、授时服务 |
| 区块链 | 运用区块链技术提升行业数据交易应用效果；开展电子交易、电子商务及跨境数字贸易的区块链应用；培育区块链技术骨干企业，形成产业应用及研发创新高地 | 提高各类交易数据流通的可信度和安全度；保证不同产业方向之间可以交换数据 |

## 2. 和传统基建相比，新基建到底"新"在哪儿

与传统基建相比，新基建的"新"主要体现在以下三个方面。

### （1）突出了政府对全环节的软治理

新基建的建设离不开政府部门的大力支持，这要求有关部门提升从规划到建设、从运营到监管的全环节综合治理水平，包括提升投资吸引力、资金运用精准性，同时确保各项政策都能落地，有相应的配套保障，实现开放、透明的监管，在实践中不断优化治理水平。

### （2）突出了地方区域生产要素协调与整合发展

新基建推进的速度取决于电力能源、数据资源、人才流动速度和参与程度等因素，在一定程度上打破了传统因素对经济增长的限制，有利于进一步推动生产、技术、劳动等其他要素的发展，在促进中小城市、农村地区协调发展的同时，促进产业创新升级。

### （3）突出了新兴产业升级，促进产业发展

新基建涉及的领域以产业作为赋能对象，尤其在智能制造、智能网联汽车、超高清、新能源汽车等新兴产业领域，通过数字化、智能化的升级，推动产业向数据化发展，在应用环境一步步得到完善的同时，抢占产业发展先机。

## 加速新基建建设的意义

### 1. 我国经济增长的现实困境

过去，我国经济发展的主要动力是增加投资与出口，而增加投资无法带来持续性增长，近几年，扩大消费成为我国经济增长的新

动力,新冠肺炎疫情期间,许多企业受疫情影响,被动压缩产能,个人和企业的消费能力明显下降。在宏观经济下行的背景下,新基建可以在拉动投资的基础上,促进各个产业数字化转型,激活数字消费市场。

## 2. 新基建将为中国经济新一轮增长注入新动能

在由政府主导的固定资产投资中,基础设施建设的投资占比长期保持在20%以上,基建将起到稳定托底经济的重要作用。而新基建则进一步为基础设施建设的投资扩容,例如,在新冠疫情期间,在线课堂、远程办公、送药机器人、远程护理等新兴产业崭露头角,而这些新兴产业的发展都离不开云计算、5G、大数据、人工智能等新型基础设施的加持,因此,新基建能更好地为新兴产业赋能,促进新兴产业稳步增长。

**一是发展传统基建领域中的新兴行业**。例如,民生基建领域的公共卫生和医疗建设,能源行业短板领域的特高压和新能源汽车充电桩建设,以及交通运输短板领域的冷链物流等相关产业。

**二是满足城市群对基础设施建设的新需求**。例如,我国长江经济带、京津冀、粤港澳大湾区等多个城市群将对城际高速铁路、城市轨道交通、医疗、教育等基础设施产生更为广阔的新需求。

从短期、中期、长期来看，新基建将为中国经济新一轮增长注入新动能。

**短期：新基建是我国经济稳步增长的关键**

基建投资是我国投资的重要组成部分，在我国GDP增长的"三驾马车"中，消费与出口均因新冠肺炎疫情受到影响。

**中期：新基建将在一定程度上缓解我国社会的主要矛盾**

传统基础设施建设曾是我国经济发展的重要支撑和保障，但随着我国社会的主要矛盾已转化为"人民日益增长的美好生活需要和不平衡不充分的发展之间的矛盾"，近年来传统基建已难以满足人民生活和社会经济发展的需要。对此，在"十四五"期间，国家通过新基建提升基础设施建设水平，改善国计民生，致力于缓解这一主要矛盾。党的二十大报告更是要求全面加强基础设施建设，为高质量发展提供坚强支撑。因此，在我国经济发展建设突飞猛进的中长期，新基建依旧是产业升级和社会转型的新动力，并在我国各个省市的经济建设中扮演重要角色。

部分省市政府工作报告提及的新基建内容见表1-3。

表1-3 部分省市政府工作报告提及的新基建内容

| 省/直辖市 | 提及的内容 |
| --- | --- |
| 北京市 | 加快基于IPv6的互联网部署，建设6万个5G基站；优化并完善环京特高压网络及下送和外送通道输电能力；完善京津冀城际铁路投资公司运营机制；建设大数据市场监管中心；建设以车联网、物联网、工业级5G芯片、卫星互联网等通信网络基础设施建设等 |

续表

| 省/直辖市 | 提及的内容 |
|---|---|
| 天津市 | 加大电信企业的基础设施建设,到2022年年底建成5万个5G基站;支持城市基础设施建设与管理,例如支持有条件的小区加装电梯、鼓励建设充电桩等设施;建设综合立体交通网络、完善客货运铁路网;建设全国一体化大数据中心京津冀枢纽节点;大力推进工业互联网平台、网络及安全体系建设,打造"10+"天津城市魅力示范场景等 |
| 上海市 | 到2025年新建20万个充电桩;围绕虹桥枢纽、浦东枢纽形成通勤式、多层次的轨道交通网络,到2025年实现中心城1小时即可到达毗邻城市;推进加氢站、智慧燃气建设等 |
| 重庆市 | 推动城际铁路、市域铁路、城市轨道、干线铁路"四网融合",打造以中心城区为核心,辐射周边的"1小时通勤圈";提升城市换电站、充电桩的覆盖能力,强化山地道路交通网络;统筹布局全国一体化大数据中心体系成渝节点,强化两江水土、长寿云计算中心承载能力;打造绿色城市标准化技术支撑平台及数字产业高地等 |
| 江苏省 | 加速5G网络建设与能源、交通、农业、制造业等各个实体经济领域融合发展;建设全国一体化大数据中心体系长三角枢纽节点;统筹布局低轨道卫星通信建设等 |
| 四川省 | 建设25万个5G基站,35万架数据中心机柜;推进建设川南城际铁路建设;加速建设成都国家新一代人工智能创新发展产业园和试验区;加快工业互联网标识解析行业(区域)二级节点建设,打造成渝国家级工业互联网一体化发展示范区等 |
| 贵州省 | 到2025年,累计建设12万个以上5G基站、400万台全省数据中心规划安装服务器;建设2万个充电基础设施;打造100万个"万兆园区"等 |
| 云南省 | 加强中心城区链接周边县、市、区的城际轨道交通枢纽建设;推进国家禁毒大数据云南中心、云南智慧边境大数据中心建设应用等 |
| 青海省 | 加快新能源汽车制造、充电桩生产线等项目建设;完善高原生态环境大数据中心;开展"5G+工业互联网"创新应用试点示范,打造"互联网+小微企业"共享生态链体系;加快既有建筑绿色化改造等 |

数据来源:政府工作报告,兴业证券经济与金融研究院

**长期：新基建助力我国经济转型，进入"大创新时代"**

美国学者迈克尔·波特在《国家竞争优势》一书中指出，每个国家经济的发展都会经历4个阶段——生产要素驱动阶段、投资驱动阶段、创新驱动阶段、财富驱动阶段。

我国经济正由投资驱动向创新驱动转型，从长期发展来看，无论是全国性的经济发展还是区域性的经济建设，要求开展大规模的新基建，而世界知识产权组织发布的《世界知识产权报告（2015）：突破性创新与经济增长》显示，创新驱动可以通过推动资本深化、推动人力资本增长、提高企业生产效率、推进经济结构转型4个路径助力经济创新转型，我国将迈入一个崭新的"大创新时代"。

# 抓住新基建的风口，谋划万亿投资版图

从政府大力扶持，到资本市场热捧，新基建的投资版图迅速扩张。新基建和我们普通人有什么关系？处于社会不同层面的人，该如何迎接这一新形势带来的变化和新的投资风口呢？

## 1. 万亿新基建投资风口

新基建是支撑经济社会数字化转型的桥梁，加速布局基础设施项目建设，利用新基建推动社会数字化转型，培育新经济、新产业、新业态，有利于在新的竞争中谋得优势。

国家统计局公布的数据显示：在 5G 基础设施建设方面，2019—2026 年累计投资将超过 2.6 万亿元；在数据中心投资规模方面，2020—2022 年总投资将超 1.5 万亿元；在工业互联网投资方面，2020—2025 年累计投资将达到 6500 亿元左右。在政府政策引导下，北京、上海、江苏、福建、山东、山西、河南、四川、云南、重庆、宁夏、四川、黑龙江 13 个省（自治区、直辖市）预计投入约 40 万亿元用于建设新基建基础设施。毋庸置疑，新基建会成为新的投资风口，具体投资热点如下所述。

（1）5G 基建

中国信息通信研究院预计，5G 网络规模会在未来几年爆发式增长，2025 年将达到 1.2 万亿元，网络化改造的投资规模会达到 5000 亿元。5G 网络建设快速发展会为上下游产业带来投资热潮，例如，在线办公、在线诊疗、在线教育、政务信息化等，预计投资规模将达到 3.5 亿元。

（2）特高压

随着新基建的推进，国家用电、发电资产的利用率都有所回升，国内几家大型电网公司的负债都相对较低。而特高压和超高压工程投标不断增多，特高压、配网的建设速度正在逐渐加快。

国家电网 2021 年工作会议披露，到 2025 年，中国预计将有超过 30 条新建的特高压线路工程相继进行核准，预计新增投资规模超 1500 亿元。在"十四五"期间，预计特高压总投资超 3000 亿元，线路长度将从 2019 年的 28352 千米增长到 40825 千米。

（3）城际高铁与城市轨交

2023 年是"十四五"规划落地的开局之年，建设交通强国、铁路先行已成为业内人士的共识。未来几年，地方铁路建设将进入建设高峰时期，其中，以京津冀、长三角、粤港澳大湾区三大区域为代表的城际铁路和市域（郊）铁路建设将全面启动。此外，通过大数据、人工智能、物联网、区块链、北斗导航等打造全产业链优势，也将为我国轨道交通的发展注入新的活力。

（4）充电桩

在政策的加持和市场的作用下，我国充电基础设施高歌猛进，形成了良好的产业基础。据国家能源局发布的最新数据，2022 年 1~6 月我国新增充电桩 130 万台，是 2021 年同期的 3.8 倍。当前，随着全球对环保和可持续发展的重视，新能源汽车的市场规模逐年扩大，成为汽车产业的重要发展方向。同时，政策支持和消费需求的双重推动下，中国的充电基础设施建设也在加快推进。截至 2023 年 4 月，全国共建成充电桩 521.0 万台。预计随着新能源汽车的普及和市场需求的不断增长，未来国内充电桩市场将会进一步扩大，呈现出巨大的发展空间。2025 年将满足超过 2000 万辆电动汽车的充电需求。随着新能源汽车保有量稳步增长，充电桩需求还将不断扩大。

我国充电桩市场规模预计在 2025 年达到 770 亿～1290 亿元。预计到 2060 年，我国充电桩新增投资额将达到 18.15 亿元。

（5）数据中心

互联网数据中心（Internet Data Center，IDC）[1]随着云计算、5G 等技术的应用范畴逐渐拓展，也在持续快速增长。2023 年继续呈现高速增长的态势，中国数据中心行业迈入了前所未有的巨大发展阶段，同时"双碳"和"能耗"双控对数据中心行业产生深远的影响，高质量发展成为未来发展的大方向。根据工业和信息化部信息通信发展司的数据显示，预计到 2030 年，中国数据中心用电量为 1800 亿千瓦时，将支撑超过 50% 的国内生产总值，同时数据中心将成为中国经济发展的有力支点。

（6）人工智能

2019 年 9 月，科学技术部印发《国家新一代人工智能创新发展试验区建设工作指引》，明确提出在 2023 年建成 20 个试验区，加快人工智能基础设施建设。

对人工智能进行产业细分，可以分为包括 AI 芯片与视觉传感器的底层硬件和包括计算机视觉、云计算、大数据服务、OS 等通用 AI 技术及平台。

根据中国半导体行业协会发布的数据，中国芯片市场规模在

---

1. IDC 为互联网内容提供商（ICP）、企业、媒体和各类网站提供大规模、高质量、安全可靠的专业化服务器托管、空间租用、网络批发带宽以及 ASP、EC 等业务。

过去几年中实现了快速增长。从 2017 年的 5411 亿元增长至 2021 年的 10458 亿元，复合年均增长率达到了 17.9%。预计到 2023 年，我国芯片市场规模将会达到 12767 亿元，这意味着未来仍然有巨大的增长空间。这是中国芯片行业持续发展和提升国际竞争力的有力证明。

（7）工业互联网

针对工业互联网发展，工业和信息化部制定了"三步走"战略，根据战略要求，我国在 2025 年要基本建成覆盖各行业、各地区的工业互联网网络基础设施，建立近乎完善的标识解析体系并大规模推广，建成一批能够与欧美国家相抗衡的工业互联网平台。我国工业互联网建设要在 2035 年达到全球领先水平，在 21 世纪中叶进入世界前列。

工业和信息化部的数据显示：目前我国每年在建的大型工业互联网平台项目超过 500 个，每个工业互联网平台投资规模大约在 1.5 亿～2 亿元。2020—2025 年工业互联网领域累计投资将达到 6500 亿元左右。在政府政策的支持下，我国的互联网市场发展空间巨大，潜力无限。

（8）卫星互联网

2020 年，国家首次将卫星互联网纳入新基建范畴，此后，卫星互联网建设上升至国家战略性工程。美国摩根士丹利的数据显示，到 2030 年，全球卫星互联网市场规模将达到 454 亿美元。以 SpaceX

和 OneWeb 为代表的商业航天公司公布了数万颗卫星发射计划，中国卫星互联网的市场总体规模也可达到千亿元级别。

未来这个数量还会增加，当然这个过程中也会淘汰一批参与者。不同的卫星互联网系统之间固然存在竞争，但更为重要的是解决彼此融合的问题，以实现互联网和移动互联网的深度融合。在"融合"过程中需要解决诸多问题，例如，标准统一、管理协调、协议适配等技术问题，以及市场准入、技术壁垒以及资源冲突等非技术问题。

（9）区块链

目前，金融、教育、就业、养老、医疗、供应链等行业都在积极探索能够深度融合区块链的方式。客观地说，新基建的本质是数字信息化的基础建设，所以数据安全、数据中心、数据共享是新基建的重中之重，而区块链的不易篡改、可溯源、"去中心化"、互联互通是新基建的题中之义。

近年来，中国的区块链行业发展进入一个全新的阶段，目前具有代表性和竞争力的 7 家区块链服务平台厂商包括蚂蚁集团、华为云、腾讯云、金山云、浪潮集团、趣链科技、新华三。此外，IDC 预测，2024 年中国区块链市场整体支出规模将达到 22.8 亿美元，年复合增长率高达 51%。核心企业开始通过区块链技术创新获得更大的市场价值。加上国家的政策扶持，在各大区块链厂商的创新应用实践中，区块链也将真正走上发展的风口，迎来时代的新机遇。

## 2. 新基建对普通人的利好

从新基建覆盖的范围来看，重点强调了 5G 基建建设、大数据中心、工业互联网、人工智能等领域，这些领域不仅对传统产业的结构性升级影响巨大，其自身也有很大的市场发展空间。因此，我们可以重点关注这些领域所释放出来的发展机会。

很多人心中会有这样的疑问：新基建是国家政策主导的项目，似乎和普通人的生活距离甚远，那么，新基建的红利会带到我们的日常生活中吗？

未来几年，对普通人而言，影响最深远、距离最近的是 5G 技术。除了 5G 手机和移动互联网，我们对 5G 的直观感受还将体现在由 5G 技术延伸出的大视频消费和车联网领域。大视频消费包括交互式视频、沉浸式视频、超高清视频等视频业务。随着 5G 技术的普及和推广深入千家万户，更多新型业务模式将改变在线娱乐、在线游戏等新媒体领域的消费模式；而随着 5G 技术的普及，车联网也将被重新定义，从信息通信的角度对车有更多的解读。在不远的未来，车将从工业社会的代步工具，升级为数字经济社会承载信息的终端，从而改变人与车的关系。

除了 5G 技术，新基建所涉及的领域中被广泛提及的还有工业互联网。只不过，工业互联网的发展需要一个漫长的过程，它为普通人带来的好处主要体现在以下两个方面。

**第一，带来新的就业机会**

工业互联网是对传统工业体系的进一步升级，在转型的过程中将产生大量的新职业，这对改善产业结构、促进就业有很大的益处。

**第二，更好地服务社会大众**

我国工业产能的提升将更好地服务社会大众。例如，在新冠肺炎疫情期间，众多企业利用数字技术在短时间内迅速转产，制造自动生产口罩机，在产能方面表现出惊人的效率。我们有理由相信，随着工业互联网技术的成熟，未来社会产能与生活品质还会有大幅提升的空间。

除了以上利好，普通人如何才能抓住新基建的红利呢？首先要考虑躬身入局，即如何才能加入新基建所涉及的行业。不妨根据自身的能力特点、知识结构选择切入点。结合上述提及的两个领域，以及人工智能、大数据中心等领域的特点，普通人想要把握住行业风口，可以从以下路径考虑。

**路径1：依托技术平台，提升自己的价值**

对于普通人来说，想要抓住新基建相关领域的机遇，首先可以利用技术平台来提升并实现自己的价值。随着人工智能平台的落地，这些平台可以有更多的创新性应用，并迎来更大的市场空间。

**路径2：依托行业资源，与新技术完美结合**

大数据中心等领域的发展离不开各大行业的资源整合。在整合的过程中，结合新技术的创新性将助力我们打开更大的发展空间。因此，普通人应该在具备行业认知能力的基础上，立足自身行业资源，通过有效整合资源在大数据中心等领域寻求更多的发展机会。

当然，每个人的认知和理解不尽相同，未来几年，对大部分老百姓而言，将切实感受到 5G 带来的生活便利。超高清视频、交互式视频、沉浸式视频、AR/VR/XR 等视频业务将随着 5G 的推广和普及，进入千家万户，进而改变在线游戏、在线娱乐等领域。此外，随着我国工业互联网的发展，传统工业体系不断升级转型，将产生大量的新职业，我们也将迎来新的就业机会。

不管怎样，无论你从事什么行业，未来最具发展潜力和上升空间的行业，大多会集中在大数据中心、人工智能等领域。我们有理由相信，未来新基建将极大提升我国经济社会的产能、提高人们的生活质量。

## 3. 新基建对开发者的利好

随着新基建的关键领域建设加速落地，越来越多的人会因此受益，人们对应用的创新需求会更加紧迫。谁来创新？我认为是开发者。我国各级政府部门在对新基建计划给予高度重视的同时，也给开发者带来不少利好。

对开发者而言，距离最近的产业同样是 5G 和工业互联网。

**第一，在 5G 建设的过程中，5G 技术的优化与完善本身就存在很多机会。**例如，5G 网络更复杂、更庞大，如何将人工智能等技术应用到 5G 网络的建设中；5G 的功耗较大，如何利用智能化的技术手段进行优化，提升 5G 的速度与质量等。对开发者而言，这些都是产业中孕育的机遇。

**第二，我国 5G 还处于探索更多刚需应用的发展阶段，在各个产业与 5G 融合，寻找刚需的过程中也会产生大量的机遇**

与此同时，如何让新技术在不同的行业中发挥作用，也是巨大的挑战。

此外，**面向各行各业的 5G 基建还将带来 5G 终端建设的巨大市场**。包括 5G 终端技术的研发，5G 物业主要不是面向个人，而是企业，主要解决的问题是产业数字化，未来，从初级制造到终端维护都会形成一个新的产业链，为开发者提供更多的机遇。

相比之下，工业互联网是通过系统构建平台、网络、安全三大功能体系，打造人、机、物全面联网的基础设施，是连接我国工业经济的重要因素，也是推动我国实体经济数字化转型的载体。因此，工业互联网的发展前景十分广阔。

对开发者来说，需要破解 3 个难题：**一是实现上下游产业链的优化与组合；二是全面打通企业内部的软件系统与设备系统；三是优化产品设计并管理产品的生命周期**。其中，最为迫切需要解决的问题是，如何将工业理论与互联网技术结合起来，重构新的工业应用，帮助更多的用户解决实际问题。

## 4. 新基建对企业的利好

目前，新基建所涉及的新产业、新技术还有很多的不确定性，无论是 5G 基建、大数据中心、人工智能，还是新能源汽车充电桩、特高压等基础设施建设，都要依托更多的企业行为与市场机制。例如，引入民营企业与民间投资，提升效率，创造市场价值。除了资本雄厚、动辄投资数千万元的头部企业，普通的中小企业应该如何参与新基建呢？

一方面，我们需要明确，新基建代表的是未来科技的发展方向，尽管投资体量较大，但是如果民营企业本不在新基建的发展轨道上，或者企业的资金、资源、技术等储备力量不足，依然不具备参与新基建的实力，即便参与其中，其发展也会受限。但从另一方面，民营企业未必非要直接参与到具体的新型基础设施建设中来。各行业在新基建红利的驱动下不断转型升级，在这个过程中会出现新的机会，为企业带来更大的市场发展空间。可以说，新基建本身造就了面向未来的科技发展趋势，如果企业家能够结合自己熟悉的行业，把握契机，提升企业整体运营效率，积极转型升级，这也属于企业参与新基建的方向之一。

## 5. 给各行业从业者、创业者的建议

在新基建中，距离行业从业者最近的 4 个领域是 5G 基建、大数

据中心、人工智能和工业互联网。而新基建的建设重点，除了完善科技基建与新的经济体系框架，还包括发展数字经济基础设施建设。在数字经济时代，很多行业都延伸出新的子产业和新兴职业。与此同时，很多传统职业也会被弱化甚至消失。**但无论是哪个行业的从业者，精通行业知识和技能是基础，若能同时具备一些数字科技基础，未来，这类复合型人才更具竞争力和发展潜力，至少不会轻易被淘汰。**

总之，国家正在加大投资新基建是不争的事实，未来势必会加大对新基建覆盖领域的政策扶持与投资力度，相应领域的产业规模和市场空间会进一步扩大。从整体来看，对创业者及各行业的从业者来说，新基建都是很好的机遇。而在机遇到来之前，深耕你所从事的行业，不仅要熟悉业务流程，更要找到关键点，为未来产业的突破口集聚力量！

# 第二章

# 5G基建：夯实中国数字经济底座

2019年6月，工业和信息化部正式发放5G商用牌照，标志着我国正式迎来5G时代，进入5G商用元年。

在过去的20多年，中国移动通信经历了2G跟随、3G突破、4G同步。直到2020年，5G开始大规模商用。历史经验告诉我们，预见性的基础设施建设会成为产业生态的优势，进而占领新一轮全球科技的制高点。与产业化应用共同推进以5G为代表的新型基础设施建设，既能增强基础设施建设稳增长的传统属性，又能助推创新和扩展新消费、新制造、新服务，加速5G引领智能社会新生态。

# 5G引领智能社会新生态

我国工业和信息化部的最新数据显示，截至2022年4月，我国已经建成全球规模最大的5G网络，其中累计开通5G基站161.5万个，占全球5G基站的60%以上；截至2023年2月底，我国5G基站的总数已超过200万个，这一数据显示出我国在5G网络建设方面的巨大成就。作为全球5G市场的领导者，我国在不断推进5G技术的应用和发展，未来将继续加大对5G网络建设的投资和推广。放眼未来，5G最重要的一个进步就是能实现"人机物互联"。

通信基础设施是信息互联网时代的"高速公路"，通信行业的繁荣是经济进步的体现。未来5G将以万亿级的投资体量拉动十万亿级的下游经济。同时，5G为数字经济提供基础设施技术支撑，是世界各国发展高科技和保障战略安全的必争之地。

## 1. 5G的前世今生

5G，G是英文Generation的缩写，译为"代"。5G是第五代移动通信技术的简称。5G在连接设备数量、移动性能、网络能效等方面都优于4G。

自20世纪80年代以来，移动通信几乎每10年就会经历一次标志性、颇具划时代意义的技术革命。

20世纪80年代初，1G时代到来，第一代模拟移动通信技术诞生，移动蜂窝电话系统成形，摩托罗拉翻盖手机横空出世。

## 第二章
5G基建：夯实中国数字经济底座

1991年，第二代数字移动通信技术问世，GSM技术面向商用，2G时代正式到来，诺基亚、摩托罗拉、爱立信等企业风靡一时。

2001年，宽带码分多址（Wideband Code Division Multiple Access，WCDMA）带来第三代移动通信技术，3G时代，联想、黑莓、多普达、摩托罗拉等企业轮番上阵。

4G时代，华为、小米、iPhone，人们手中拿着是各式各样的智能手机。

纵观移动通信的发展历程，皆是以标志性的技术升级为杠杆。移动通信在不同时期的标志性技术升级见表2-1。

表2-1 移动通信在不同时期的标志性技术升级

| 移动通信 | 标志性技术升级 |
| --- | --- |
| 1G | 频分多址（Frequency Division Multiple Access，FDMA） |
| 2G | 时分多址（Time Division Multiple Access，TDMA）和FDMA |
| 3G | 码分多址（Code Division Multiple Access，CDMA） |
| 4G | 正交频分复用（Orthogonal Frequency Division Multiplexing，OFDM）和多入多出（Multiple Input Multiple Output，MIMO） |
| 5G | 稀疏码分多址（Sparse Code Multiple Access，SCMA） |

看到表2-1，相信大部分读者很难读懂从1G到5G技术究竟是怎样一个概念。我们不妨用一种通俗易懂的方式来解读每一代通信技术。

（1）1G时代

手机刚出现的时候，我们的通话过程大致如下。

A："喂？晚上要不要一起跑步？"我们在打电话时讲的话形成了声波，接着声波进入手机，形成电磁波，通过天线发射到最近的基站，然后通过光缆再传输给离对方最近的基站。对方这边的基站会继续发射电磁波，再传输到对方的手机里。对方手机接收到电磁波以后，自动转换成声波，这样 B 就听见 A 讲的是什么内容了，B 回复："好，不见不散"再循环传输给 A，这就是 1G 时代的信号传输过程。由于只能模拟声波，1G 时代除了打电话，基本没有其他功能可以使用。

（2）2G～4G 时代

自主创新才是王道。一种新的方法——二进制——诞生了。

通俗来讲，二进制就像是一个翻译器，它能够将文字、图片、视频等诸多信息转换成相应的 0-1 代码。当代码全部变成可以被表示的数字，那么信息传输的过程就像在传送数字，也就是数字信号。数字信号的一大优势是只由 0 和 1 组成，意味着信号非 0 即 1，就算中途被干扰也能被识别出来，确保了信息传输的准确性。也正是因为有了数字信号这一技术，手机进入"开挂"模式——2G 实现了发短信，3G 实现了上网，4G 实现了看视频。

随着信息越来越多，一条信息通常由成千上万个 0 和 1 组成，如果一个一个传送出去，想必另一边接收信息的人要等很长时间。就这样，研究人员又开始想办法解决提速问题了。

① 提高频率。所谓频率，可以简单地理解为电磁波振动的快慢。例如，A 在一秒钟只传输了 2 个数字，而 B 在一秒钟能传输 4 个数字，说明 A 的频率低，B 的频率较高。频率越高，说明相同时间内能传输的信息越多。

② 增加频段。不同频率的电磁波都会有自己的"VIP 通道"（特殊通道），互不干扰，这些通道就是频段。随着高频率的广泛应用，能用的频段也越来越多，好比原来的 4 车道变成 8 车道，这样信息就能在不同的通道上同时传输了。

③ 携带多人信息。随着手机用户的增多，信息就像道路交通一样，难免会遇到堵车，所以研究人员又想出了一个方法，让电磁波同时携带多人信息。从 2G 到 4G，正因为数字信号的使用、频率的提高、频段的增加，所以传输速度也相应得到了提高。

**（3）5G 时代**

在前几代移动通信技术的基础上，5G 技术出现，并且是全新、全面升级。5G 首先是频率更高，单位时间内可传输的信息量很大。其次是频段更多，好比原来的 4 车道变成 $N$ 车道。5G 时代，你只需要几秒就可以下载一部电影了。5G 时代可以实现很多以前人们想都不敢想的事，例如，全息影像、无人驾驶等。

既然 5G 这么好，那么为什么以前没有？

由于 5G 的电磁波频率太高，它有一个缺点就是"一根筋"，传输速度太快反而容易"撞墙"。如果基站与基站离得太远，则可能传输失败。所以，要想让 5G 技术更稳定就必须建设很多个基站，缩短传输距离。

基站的建设可是一笔庞大的开支，以前技术发展尚未成熟，条件不具备，暂未普及。

另外，5G 处理信息要靠"芯片"，以前我国在芯片的研发上也相对较慢，这些条件限制了 5G 技术的发展和普及。

随着科技的发展，基站越建越小，由此诞生了"微基站"。5G 基站建设的成本大大降低。虽然基站数量多了，却不用像之前那样一个基站管一个片区，无论是辐射还是功率都相对小了很多。除此之外，以前的基站功能受限，用户离基站越近，信号就越好，离得远可能连信号都没有，非常不稳定。5G 基站就不一样了，它能感知到你的手机在哪，并直接把信号传输过去，我们将这种技术称为"波束赋形"，虽然这种技术在 4G 时代就已经存在，但是到了 5G 时代，该技术得到进一步提升。

基站在信号传输的过程中还能根据道路的拥挤程度，也就是"路况"来自动选择合适的通道，这样可以有效避免时延。如果 A 和 B 在同一个基站，电磁波都不用通过基站就能直接在 A、B 之间传递，这就是所谓的终端直道（Device to Device，D2D）通信技术。

而以上所有看似难懂其实很好理解的技术成就了今天的 5G 基建。

## 2. 5G 开启万物互联新世界

移动通信技术不断更迭，如果说 2G 开启了文本时代，3G 开启了图片时代，4G 开启了视频时代，那么，5G 则开启了一个万物互联的新时代。

从技术层面来看，5G 具有以下五大核心特征。

### （1）超高速

超高速是 5G 网络最直观的优势。如果你在 4G 网络环境下想要下载一部高清电影，需要几分钟，而在 5G 网络环境下，仅需要几秒。

（2）低时延

低时延是 5G 网络最显著的优势。时延是指两个设备互相通信所用的时间。从 1G 到 5G，时延在不断减少。例如，2G 网络的时延为 140ms，3G 网络的时延为 100ms，4G 网络的时延为 20ms～80ms，而 5G 网络的时延只有 1ms。例如，如果你想要观看一个视频，你要先向网络发送请求之后才可以观看，在 4G 网络环境下，你需要等待 20ms～80ms，而在 5G 网络环境下，你只需要等待 1ms。

（3）海量连接

在 5G 网络环境下，5G 基站不仅遍布各个角落，而且每平方千米连接的设备数量也增加到 100 多万台，这样就可以满足海量用户的通信需求。也就是说，在 5G 网络环境下，即使在一些偏远地区，所有设备都可以随时连入互联网。

（4）泛在网

泛在网是指广泛存在的互联网。简单来说，就是让网络覆盖社会生活场所的各个角落，让人们的智能设备可以随时随地接入网络。在 4G 网络环境下，人们在进入电梯、地铁、地下车库等相对封闭的场所时，网络往往会断开连接。进入 5G 时代，这些问题会逐渐迎刃而解。

（5）低功耗

5G 网络具有低功耗的特点。5G 网络降低了网络设备的能源补充频率，解决了 4G 网络环境下功耗较高的问题。例如，大多数智能手表每天都需要充电，在 5G 网络环境下，由于功耗大幅下降，多数产品的充电周期可以延长至一周甚至一个月，用户体验得到了大幅提升。

2019 年 12 月 1 日，社会科学文献出版社出版了《全球传播生态蓝皮书：全球传播生态发展报告（2019）》，该书中指出：5G 不仅使移动通信技术实现了重大突破，也对国家的科技创新、经济增长、产业升级等具有十分重要的驱动作用，是未来国家竞争力的关键所在。5G 的应用场景不再局限于手机，而是应用到车联网、无人驾驶、工业互联网、智能家居、智慧城市等更多的场景。在 5G 的引领之下，将会创造未来传媒数据化、智能化、移动化的新生态。

当然，5G 带来的改变不仅是速度，而且还会带来全新的商业模式和沉浸式互动体验，例如，游戏、音乐、AR/VR、广告等产业，内容和受众距离将被大幅缩短。该报告还指出：未来 10 年，5G 将为媒体和娱乐行业带来 1.3 万亿美元的收入。预计到 2028 年，5G 网络在全球无线媒体营收中将达到 3350 亿美元，占比近 80%。除此之外，5G 用户在未来 10 年内的月平均流量增长可高达 7 倍，其中 90% 将被视频消耗掉。随着 5G 的发展，未来移动互联网的业务也将向视频化的趋势倾斜，超高清视频业务将得到较快发展。

中国信息通信研究院的数据统计：预计到 2030 年，中国 5G 直接贡献的总产出、经济增加值分别为 6.3 万亿元、2.9 万亿元；间接贡献的总产出、经济增加值分别为 10.6 万亿元、3.6 万亿元。5G 对中国经济产出和间接经济产出对比如图 2-1 所示,5G 对中国 GDP 的直接贡献和间接贡献如图 2-2 所示。

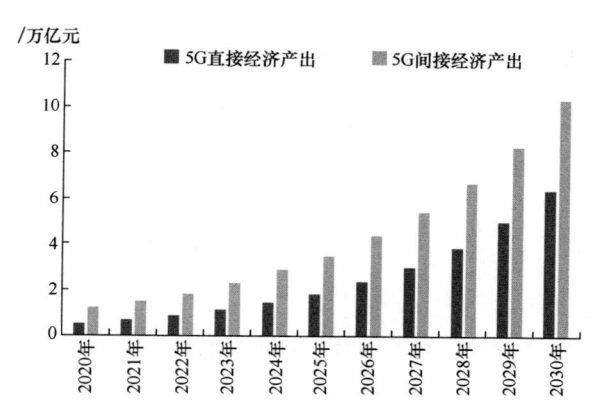

数据来源:中国信息通信研究院

图2-1　5G对中国的直接经济产出和间接经济产出对比

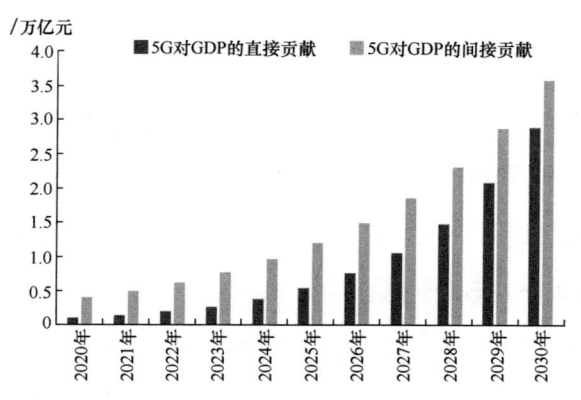

数据来源:中国信息通信研究院

图2-2　5G对中国GDP的直接贡献和间接贡献

## 3. 5G产业安全关乎国家安全

5G技术被广泛应用于国民经济、军事、社会关系网络、移动通信网络、国家安全等领域，对国家战略安全具有重要意义。

**（1）5G信息安全是万物互联时代巨大的考验**

未来，5G技术将与互联网并行发展，高度融合，每平方千米范围内终端连接数量可以达到百万量级，远程医疗、无人驾驶等应用会产生海量信息，这些信息会给5G信息安全带来极大的挑战。

**（2）5G产业链信息的安全可以分为设备安全、技术安全和终端安全**

在5G发展的过程中，我国通信行业曾受到一些国家以5G安全问题为由的打压。2018年4月，我国的5G业务一度陷入停摆状态，包括华为公司等在内的5G设备厂商在国外发展受阻。所以中国只有在5G技术各个方面取得突破，才能确保5G产业链信息的安全。

**（3）5G网络安全是国家安全与经济稳定的基础**

如果应用不当，网络切片、网络功能虚拟化等这些由5G延伸出的新技术也会受到负面影响，5G网络更容易受到攻击。5G一旦遭受网络攻击，会给人民生活、社会稳定及经济发展带来严重影响。由此可见，无论科技发展多么迅速，提高5G安全防御能力都是发展的前提条件。

# 5G赋能千行百业

人们对 5G 时代充满了无限的期望与憧憬。在基于 5G 基建战略逐步推进的社会背景下，5G 在各个领域的应用日益增加，对经济社会转型升级，推动高质量发展具有深远的影响。

## 1. 满足千行百业不同需求的底层技术：5G专网

5G 网络逐渐进入商用领域，随着 5G 时代的到来，5G 专网是在 3G/4G 的专网通信整体技术的基础上不断发展和提高的新型网络通信技术。而运营商积极开发和探索 5G 专网在智能化转型、各垂直行业数字化等领域的应用，使不同行业客户的定制需求得到满足，尤其是以 5G 专网为主产业链的设备和服务企业也将获得更大的赋能。

中国电信、中国移动和中国联通都推出了不同类别的 5G 定制网服务模式。例如，中国移动推出了三种 5G 专网模式，包括"优享、专享、尊享"，而中国联通则提供了虚拟专网、独立专网、混合专网 3 种 5G 专网模式。

在以人为本的 5G 时代，5G 应用将为人们提供多元化、数字化的智慧场景。随着 5G 技术在生活、生产领域广泛的应用，它不但能够为人们带来极致的体验，还将引领整个社会进入全新的物联网时代，赋能千行百业，开启数字化智能生活的新篇章。

## 2. 5G为各行业发展带来无限可能

为贯彻落实习近平总书记关于加快 5G 发展的重要指示精神，2021 年 7 月 5 日，工业和信息化部等十部门联合制定并发布了《5G 应用"扬帆"行动计划（2021–2023 年）》，要求继续在信息消费、实体经济、民生服务三大领域全产业上下游齐发力，在工业、医疗、教育、交通等多个行业领域发挥赋能效应，为我国 5G 的持续繁荣向好提供了指引和遵循，加速重构行业数字化转型新生态，同时促进我国 5G 行业应用发展驶入"快车道"。

开启物联网时代后，5G 为餐饮、家居、教育、医疗等行业数字化转型的发展带来无限可能。

（1）5G 餐饮——保障在线订餐安全

餐饮行业在 5G 网络的支持下发生了翻天覆地的变化，例如在线订餐安全服务。

5G 让餐饮商户看到了新的经营模式，推动了餐饮行业数字化的发展。其中"浙江外卖在线"是最具代表性的平台之一，它涵盖了多个应用场景，包括执法、监管、维权等，可对消费者实现后厨在线直播，使消费者能够全程观察到外卖平台商家后厨的一系列流程，例如加工、清洗及制作等。此平台致力于打造安全、放心的线上订餐环境，将厨房线上化、公开化，使商家的安全生产意识及卫生管理大幅提升，消除了消费者心中的顾虑。

### (2) 5G 家居——让家庭生活更智能

5G 为智能家居行业的发展带来了新的机遇。5G 网络与物联网技术结合可以让智能门锁、冰箱、空调、电视、音响等更加智能化，在应用感应、语音控制、远程控制等系统的技术方面有所升级，提升了智能家电的节能效果和计算能力等。

同时，5G 还可将手机与智能家电相连，只需动下手指就可以操控家居设备，包括设置、启动、转换模式等，让家居生活融入智能化元素，为人们带来极致的智能化体验。中国移动打造的"全千兆+云生活"体系智慧家居生活，通过家庭宽带，便可以轻松感受全屋智能连接带来的舒适感和便捷度，也可以在人工智能、物联网的协助下实现移动看家功能服务，全面保障了家庭的安全。

### (3) 5G 教育——提高远程学习教学体验

教育需要依靠不断地创新来推动整个行业的发展。而 5G 具备可靠度高、覆盖广、低时延等特点，为了打造生动、有趣的全息互动课堂，学校可以将 5G 技术与 VR、AI、AR 等技术深度融合，增强课堂的互动性、趣味性，优化了学生的课堂体验效果。

5G 技术与多种智能技术融合的线上直播云课堂，通过可视化教学和全场景行为数据智能分析，提供给教师线上教学，提高了教师与学生之间良好的互动。有些地区还在疫情期间利用 5G 热成像体温检测仪、5G"云闸机"等实现入校人员测量体温，对疫情防控起到了有效的防范作用。

5G技术改变了教育领域的教学方式和获取途径，使优质的沉浸式、共享式、交互式教学方式得以实现。

（4）5G医疗——提升看病就医效率

5G技术在医疗领域同样发挥着重要的作用，它的高速率、低时延等特点，让无接触诊疗、互联网医院、远程问诊等5G智慧医疗服务技术日渐兴起，解决了传统医疗看病难、挂号难的弊病，让人民群众看病不再是难题。而家属远程探视、5G移动诊疗台等应用场景使医院更加人性化，提升了服务效率。

在传统医疗中，急救调度、车上抢救、院内抢救是急救的3个步骤，5G+应急救援的应用改善了传统急救中存在的诸多问题，包括了解病人情况、与院内抢救无缝对接等。5G救护车车载信息化系统能够向院内实时传输患者体征数据、病情图像等，增加了整个团队抢救的成功率。

5G时代将是一个崭新的时代，未来发展离不开5G网络的建设，5G基建已经悄无声息地展开了。我们的家庭生活与城市发展将被5G数智生活慢慢浸入，从而形成一幅美好的生活图景。5G赋能千行百业，未来充斥着无限的可能，值得我们翘首以待。

大浪淘沙终成金。虽然我国的5G行业蓬勃发展，但对于运营商而言，较贵的5G行业终端价格、较高的网络运营成本等因素都可能成为制约应用大规模复制落地的"最后一根稻草"。从0到1，再从1到N，过程中的痛点和难点我们仍需直面应对。未来的市场，唯有各方真正地切入各行业的核心生产环节，共同将 5G 落地于各行各业，加强合作交流，才能一起把"蛋糕"做大，真正实现实现数字经济赋能实体经济，5G 服务千行百业！

风劲帆满，未来可期！

## 5G基建产业链图谱

纵观历史上每一轮信息革命，无不引领了科技发展的浪潮，催生了产业的变革。5G 产业孕育着巨大的数字经济新机遇。在这个一切皆有可能的 5G 时代，万亿级的投资启动在即。

4G 改变生活，5G 改变世界。5G 正在以摧枯拉朽之势改变着越来越多的传统行业。面对扑面而来的 5G 科技浪潮，无论是企业家还是各界专家纷纷表态，5G 的到来代表着互联网将从消费的上半场进入产业互联网应用的下半场。而这一革命性的新技术，将会带来哪些巨大的商机呢？

### 1. 5G重构未来商业与生活

#### （1）5G + AR/VR 教学

随着 5G 技术的演进，我国最重视的领域之一——教育教学行业也发生了重大的改变，从最初的黑板、粉笔教学发展到多媒体教学，再到智慧教学——交互式智能黑板教学，教学方式越来越多元化。然而一些学生学习效率低、兴趣低等问题并未得到很好的解决。如今，在 5G 技术的支持下，学校可以采用 AR/VR 教学模式，让学生更高效地进入学习状态。例如，在教学中，教师可以利用 AR/VR 技术同时展开多种教学场景，提高学习效率。相对于传统的教学方式，AR/VR 教学模式既可以带动学习氛围，扩展学生知识面，又可以降低教学成本，增加效益。AR/VR 在教育教学领域还可以延伸出很多场景。

① 高成本、高风险的机械操作培训。AR/VR 技术主要用于军事模拟训练，之后慢慢渗透到民用领域。例如，应用于滑雪、赛车、手术、飞机驾驶等教学培训中，可以降低培训成本与培训所带来的风险。

② 现实中难以实现的场景式教学。AR/VR 技术的显著特点是虚拟性。根据这个特点，在教学过程中使用 AR/VR 可以很好地模拟学校不能开展的场景教学，例如，在地震、泥石流等灾难场景中模拟逃生，以及太空、深海等需要科普教学的场景。

③ 以 3D 图像为基础的教学游戏。现阶段技术水平有限，AR/VR 内容很难以视频的形式连续呈现。对于成年人来说，也许单个 3D 图像无法达到吸引人的目的，但是对参与早教的低龄儿童却是更具吸引力的认知产品。例如，AR 早教卡片已成为 AR/VR 领域中具有竞争力的现金流产品。

总之，随着 AR/VR、5G 与教育的深度融合，一种全新的教学模式将会应时而生，进而带动整个教育行业的大变革。

(2) 5G + 短视频

4G时代，短视频的发展主要依赖于用户生产内容（User Generated Content，UGC）和视频社交化，由于网速的限制、宽带资源对短视频内容也带来很多负面的影响，而随着5G时代的到来，网速提高，流量成本降低，短视频将迎来新的发展时机。为了给用户带来更好的体验，增加观看视频时长，寻找更多的商业合作机会，目前很多短视频平台已经开始进行技术与功能的升级。5G时代，**专业生产内容（Professional Generated Content，PGC）和物联网应用将成为短视频产业发展的两大关键驱动力**，短视频行业也会因其发展而受益。

我国短视频行业发展的3个阶段见表2-3。

表2-3 我国短视频行业发展的3个阶段

| 发展阶段 | 时间 | 主要特征 |
| --- | --- | --- |
| 萌芽成长阶段 | 2013—2015年 | 在秒拍、美拍、小咖秀等短视频平台的驱动下，一二线城市开始消费并生产短视频内容 |
| "野蛮"生长阶段 | 2016—2017年 | 资本介入、智能手机性能提升、流量资费降低等利好因素，促使抖音、快手等短视频平台迅速崛起。同时，传统媒体、互联网企业等也纷纷布局，将短视频行业发展推向新高度 |
| 理性发展阶段 | 2017年至今 | 资本趋于理性、消费升级等，使短视频行业对内容质量、盈利模式等愈发重视，同时，为与竞争对手实现差异化，短视频内容平台也纷纷探索垂直领域的发展 |

5G 技术除了解决网速、带宽等问题，5G 技术赋能的短视频也会像当今的图文一样被人们广泛地使用。同时，用户对视频的要求也会不断提高。

除此之外，动作捕捉、人脸识别、AR/VR 等技术的发展也会为短视频行业注入新的活力。总之，5G 技术拓宽了视频产业链的深度与广度，使短视频可以应用到更多的场景中，为平台方、分发商、创作者、品牌商等创造更大的价值，实现合作共赢。

### （3）5G + 智慧城市

智慧城市不仅是城市数字化转型的有效解决方案，也是加速新型城镇化建设的新模式、新方法、新思路。近年来，随着城市人口日益增加，直接导致人们对城市管理部门有了更高的需求和要求。随之而来的平台建设问题、数据采集问题、管理模式与市场规律不匹配等问题，都给智慧城市的建设带来了重重阻碍。

然而在 5G 技术的协助下，智慧城市的建设可以解决很多问题。例如，在北京城市副中心发布的城市建设规划中，城市的灯杆就涉及很多新兴技术，包括通信技术、信息技术、感知技术、图像处理技术、单灯控制技术等。以这些技术为前提，灯杆会根据路况情况自动进行光线控制。如果灯杆发生故障，市民可以通过灯杆上的按钮与后台人员进行远程视频通话，及时解决故障问题。

未来智慧城市建设将形成"规－建－管"一体化治理的新格局，具体将从以下 5 个方面为城市发展创造更大的价值。智慧城市的实践价值见表2-4。

表2-4 智慧城市的实践价值

| 序号 | 主要价值 |
| --- | --- |
| 1 | 借助5G、AR/VR、大数据、云计算、物联网、人工智能等技术,有效提高城市规划项目决策的科学性 |
| 2 | 通过打造智慧工地能更好地开展项目目标管理和资源管理,增强项目管理的协同性,充分发挥广大市民的监督作用 |
| 3 | 加速推进建筑工业化,打通城市基础设施建设全产业链,开展全生命周期管理 |
| 4 | 智慧城市建设系统将为企业更精准、更高效、更低成本地获取市场环境、目标用户等信息提供有效帮助,从而增强企业对市场环境与用户需求变化的应对能力,提高企业智慧化管理水平 |
| 5 | 在智慧城市建设理念的指引下,我国住房和城乡建设部建设了"四库一平台"("四库"包括企业数据库基本信息库、注册人员数据库基本信息库、工程项目数据库基本信息库、诚信信息数据库基本信息库;"一平台"为一体化工作平台),通过对项目、企业等大数据进行分析,创新城市管理手段,提高城市管理水平,推动市场管理模式创新 |

5G涉及人们日常生活与工作的方方面面,不仅提升了网速更推动了我国商业模式变革,在工业、交通、娱乐等领域,5G都可以提高效率、推动创新,带来更广阔的发展前景。现阶段5G技术的发展让"以人为中心"成为城市发展的主流,也让智慧城市增加了落地的可能性。

(4) 5G+安防

与4G相比,5G的直接优势是传输速度。2018年年底,广东移动在深圳携手华为成功打通了首个基于3GPP标准的Sub 6GHz

双载波 First Call，用户叠加峰值速率超过 5.2Gbit/s（在前面我们已经说过，该速度可以快到让用户一秒就可以下载一部高清电影），同时困扰安防传输速度慢、带宽资源有限等问题也能得到解决。

① 实时传输超高清视频。近年来，家用摄像机产品在满足人们社交需求的同时，也满足了家庭安全监控需求。但对于视频较低的清晰度与较慢的传输效率等问题，直到 5G 技术的出现才得以很好地解决。

② 实现无线监控与无线通信。为了有效监控广场、车站、娱乐中心等城市中心位置，防止在网络设备或线路发生故障时关键区域监控出现问题，使用 5G 无线通信技术可以有效解决这些问题。

③ 对偏远区域进行实时监控。对一些原始森林、沿海荒岛等地进行了 5G 无线网络部署，这样做不但可以实时远程监控，还可以降低安防成本，提高安防效果。

## 2. 5G+AI赋能未来科技

随着互联网、大数据的发展与应用，新一轮消费升级来袭：智能消费、虚拟消费成为消费主力军。5G 与人工智能的融合会带动产业进一步变革。

### （1）5G 加速 AI 技术落地

人工智能虽然有很漫长的发展历程，但一直处于发展初期阶段，并未取得突破性进展。目前，在5G技术的赋能下，AI技术获得极大提升，不仅提高了精准度，降低了人工成本，还提高了网络服务质量，网络维护、规划、建设、优化模式等都得到了更新。对于5G网络智能化来说，基于AI的无线网络优化、AI波束管理、智能网络切片等都是非常典型的应用。智慧城市的实践价值见表2-5。

表2-5 智慧城市的实践价值

| 典型应用 | 具体内容 |
| --- | --- |
| 基于AI的无线网络优化 | 利用AI技术对参数调整策略进行优化，使网络无线资源的利用率、网络容量得以大幅提升，对用户轨迹、开展业务进行预测，对内容缓存策略进行优化，带给用户更优质的体验 |
| AI波束管理 | 智能调整波束指向，降低覆盖重叠干扰，提升用户接入体验 |
| 智能网络切片 | 利用AI技术对切片资源进行管理，让切片实现自动配置，优化切片性能，实现切片故障自动恢复 |

随着5G大规模应用落地，AI应用能力也会释放出更大的商业价值与市场价值。

（2）5G与AI相互赋能

由于5G具有广覆盖、大带宽、低时延等特点，5G网络速度之快可以让消费者有更好的体验。之前很难落地的AI应用、远程医疗、自动驾驶也有了落地的可能。除此之外，各行各业在数字化转型的过程中，5G将在算力、数据、应用场景等方面对AI的发展起到助推作用。

### (3)"5G+AI"的未来趋势

随着 5G 技术的普及,未来"5G+AI"会像水、电等基础服务一样,深入我们的生活。产业互联网将会成为 5G 与 AI 应用的主战场,智能制造、智慧医疗、智慧教育、智慧环保等都是未来的发展趋势。消费互联网在"5G+AI"的辅助下会给消费者带来多样化的体验、多元化的交互方式。家庭互联网与人们的关系是最密切的,智能家居、智能安防产品也都会迅速发展起来,人们也将迎来万物互联的智能家居生活。

总之,"5G+AI"将从多角度出发,为实体经济赋能,提高通信产业链与人工智能产业链的融合速度,使二者相互赋能,实现蜕变式发展。

当然,5G 的美好不能只停留于想象,而是应该让更多人感受到 5G 技术带来的改变。在不远的未来,我们的生活不仅会被越来越多的"5G+"包围,甚至我们赖以生存的地球也会变得越来越"智慧",伴随 5G 而来的将是万物互联时代的巨大商机,就看我们如何把握机遇,让更多梦想之花绽放并成为现实!

5G 覆盖领域众多,主要包括基站系统的传输层、边缘生态和解决方案的应用场景层、全频谱接口的关键技术、网络设计和优化的支撑层、核心领域的基础层,以及涉及各类应用(例如,智能交通、云计算、物联网、车联网等)的终端层。我整理了 5G 领域涉及新基建投资热点的三大方面,分别是设备/传输/网络;器件/芯片/模组;

电信运营。5G领域的传输层和支撑层主要是设备/传输/网络，这部分主要是基站、网络设备及光通信模块和器件。5G领域的基础层主要是器件/芯片/模组，这层涉及基带芯片及PCB高频高速覆铜板、天线和射频器件等关键材料。5G领域的终端层是5G技术的应用环境，这层多与新基建的其他领域重合。

5G基建的核心企业与投资热点见表2-6：

表2-6 5G基建的核心企业与投资热点

| 投资热点 | 5G基建的核心企业 ||||
|---|---|---|---|---|
| 设备/传输/网络 | 中兴通信 | 烽火通信 | 紫光股份 | 海能达 |
| 器件/芯片/模组 | 天孚通信 | 中际旭创 | 和而泰 | 世嘉科技 |
| 电信运营 | 中国联通 | 天源迪科 | 数知科技 | 鹏博士 |

# 第三章

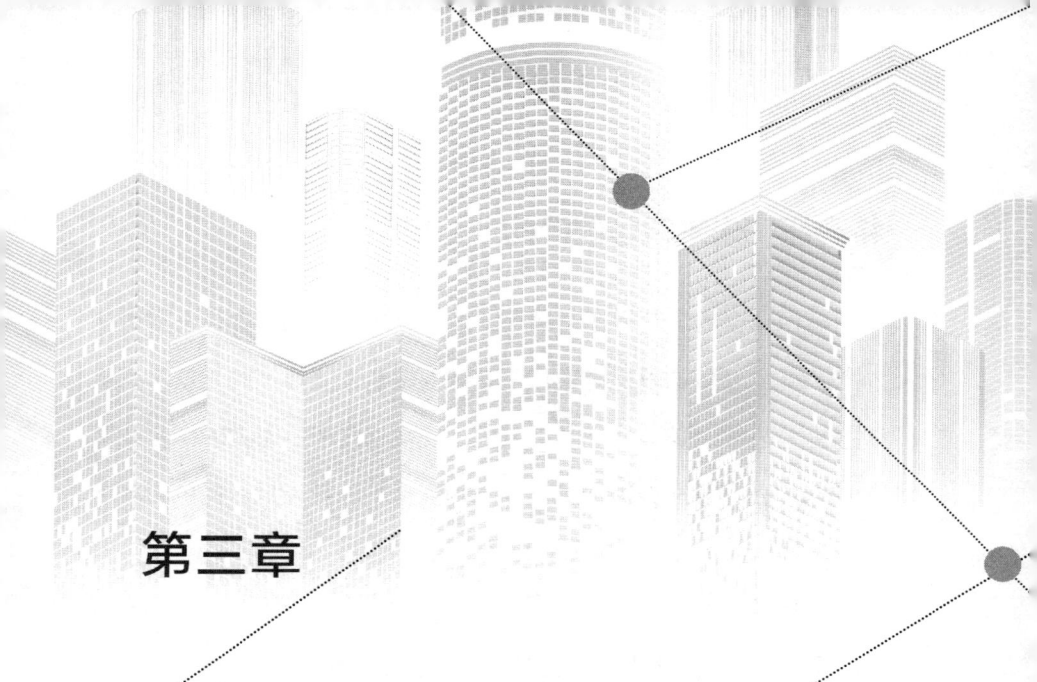

## 特高压：打通电力数字化转型高速路

在党中央、国务院的正确领导下，经过不懈钻研和创新实践，我国的特高压技术在各个方面均取得了显著的成绩，已经形成了一套全世界都在使用的"中国标准"。国家电网有限公司建成了世界上首个商业化运行的特高压交流和特高压直流输电工程。截至目前，我国已经建成并运营了多个技术可行、运行安全、环境友好的特高压工程。特高压技术的飞速发展是我国电力事业的里程碑，让"中国创造"和"中国引领"享誉世界。目前，特高压发展已然成为国家防治大气污染的重点工程，特高压电网建设的全面推进，为全球能源互联发展奠定了基础，推动了能源革命的前进。

# 特高压：未来智慧能源的"心脏"

能源革命的改革提速，深化了能源领域的开放与合作，而电能被誉为能源领域的里程碑式代表。随着电能发展而来的是技术密集型企业的发展，其促使产品批量化、规模化产出。电力的深化改革为中国的各行各业提供了基础保障，支持了科技发展。而电力科学的进步强有力地支撑了中国社会经济的发展。

2016年5月，中共中央、国务院印发了《国家创新驱动发展战略纲要》，提出大力支持创新发展，国家电网在特高压、智能电网、大电网安全控制等领域取得了傲人的成绩，最为突出的就是特高压技术。

## 1. 特高压：中国通往世界的第二张名片

特高压，全称是特高压输电技术，是指1000kV及以上的交流电压和±800kV及以上的直流电压传输技术。特高压下还有电压等级在10kV～220kV输电线路的高压线路，以及电压等级在330kV～750kV输电线路的超高压线路。

随着社会经济的飞速发展，输电距离和输电容量的标准要求更高，这使输电技术不断发展。实际上，我们能通过输电网的电压值了解到电网容量、输电距离、覆盖区域及输电技术的水平。长期以来，我国的输变电行业一直处于跟随世界的节奏，而特高压的出现改变了这一世界格局。2012年，国家电网有限公司自主研发的"特高压交流输电关键技术、成套设备及工程应用"荣获国家科学技术进步奖特等奖；2017年，国家电网有限公司、中国南方电网有限责任公司等联合研发的"特高压±800kV直流输电工程"荣获国家科学技术进步奖特等奖，特高压堪称中国制造的"金色名片"和"国之重器"。特高压的优势具体体现在以下几个方面。

**（1）促进经济稳定增长，带动产业融合发展**

特高压输电工程建设为经济稳步增长保驾护航，特高压输电工程建设既能拉动与其配套的中低压配网建设，又能根据上下游需求，对输电铁塔、特高压核心设备、通信设备等产业的发展起到推动作用。特高压输电工程建设加速了各细分行业的发展，增加了就业岗位解决民生问题，促使经济稳步增长。

**（2）灵活调配供给能源，实现利用率最大化**

我国电力能源呈"西北富，中东少"的逆向分布状态。特高压在"西电东调"的过程中起到至关重要的作用，缓解了电力能源因分布不均带来的生产、生活问题。特高压技术拥有的运行效率高、输电损耗低、传输距离远和输电容量大等优势提高了输电企业的运营效率，电能利用率的最大化缓解了电力资源紧张的局面。

**（3）树立中国名片，提高国际电力地位**

在国家发展创新战略的指引下，电力企业加大在特高压领域的投入力度，全力实现商业运营模式。中国的特高压电网为实现"一带一路"发展起到了不可估量的推动作用,为其他国家提供相关经验与基础支持。同时为国际能源建设分享中国方案,在国际舞台上发光发热。

## 2.我国特高压相关政策概览

近几年,特高压商业化市场巨大,各经济体对其需求旺盛。我国的高压电网历经十余年的发展与完善,已成为全球电力的领先力量。特高压行业的发展,有利于促进我国电力工业整体和区域经济协调发展,同时优化我国国家电网和电源的布局,有效实现能源和资源的配置。为此我国出台了多项政策推动特高压行业的持续发展。

表3-1是2017—2022年我国特高压行业相关政策,见表3-1。

表3-1 2017—2022年我国特高压行业相关政策

| 发布时间 | 政策名称 | 发布机构 | 主要内容 |
| --- | --- | --- | --- |
| 2017年7月 | 《关于可再生能源发展"十三五"规划实施的指导意见》 | 国家能源局 | 发挥跨省跨区特高压输电通道消纳可再生能源的作用 |
| 2018年9月 | 《关于加快推进一批输变电重点工程规划建设工作的通知》 | 国家能源局 | 加快推进9项重点输变电工程建设,合计输电能力5700万千瓦 |
| 2018年10月 | 《国务院办公厅关于保持基础设施领域补短板力度的指导意见》 | 国务院办公厅 | 优化完善各省份电网主网架,加快推进跨省跨区输电,推动实施一批特高压输电工程 |

续表

| 发布时间 | 政策名称 | 发布机构 | 主要内容 |
|---|---|---|---|
| 2019年3月 | 《5G等"新基建"为经济增长提供新动力》 | 中央经济会议 | 发力于科技端的基础设施建设，主要包括七大领域：5G基建、特高压、城际高速铁路和城际轨道交通、新能源汽车充电桩、大数据中心、人工智能和工业互联网，明确了特高压为"新基建"重点投资领域之一 |
| 2021年4月 | 《2021年全国标准化工作要点》 | 国家标准化管理委员会 | 加快新能源开发利用、电力储能、氢能、特高压交直流输电、需求侧管理等标准研制，加强核电标准体系建设，推进能源互联网标准化工作，推进光伏能源标准体系升级 |
| 2022年1月29日 | 《"十四五"现代能源体系规划》 | 国家发展和改革委员会、国家能源局 | 要求加快能源结构绿色低碳转型。聚焦"十四五"时期，重点加快发展太阳能发电、风电，积极有序推进核电、水电发展和其他可再生能源发展。到2025年，力争实现我国非化石能源消费比重达到20%的目标 |

从拉闸限电，到万家灯火，中国的电力事业发展一路走来磕磕绊绊，但漫漫长路，日拱一卒，功不唐捐，今天，我们中国人已经不必再为断电担心了。这种战略上的意志与决心，几乎覆盖于我们生活中的每个领域，当然，也贯穿在中国每一个阶段技术突飞猛进的历史洪流中。

**数字新基建**
——重构数字经济的结构性力量

# 特高压输电及其意义

中国第六次人口普查显示，中国有93.43%的人生活在胡焕庸线[1]以东，发电方式主要是以燃烧煤炭为主的火力发电，因此环境污染严重，空气质量较差。

我国也有一些高效且清洁的能源可用于发电，例如，风能、水能、太阳能等，但这类能源大多分布应用在西部偏远地区，想要实现西部能源东调，要跨越的不仅仅是2000千米以上的实地距离。想要解决远距离的能源输送问题，就不得不提起目前全世界只有中国全面掌握且已经开始大规模应用的工程技术——特高压输电技术。

## 1. 什么是特高压输电

想要知道什么是特高压输电技术，首先要了解电的传输。众所周知，电线是电传输的载体，我们常见的所有用电都是通过电网输送进来的。电网的电是从发电厂而来。把发电厂里的电传输到电网里，再通过电网传送到我们日常生活中的每个角落，这就是"输电"的过程。

我国特高压是指±800kV及以上的直流电和1000kV及以上的交流电的电压等级。特高压是中国领先世界的自主创新成果，有着深

---

[1] 胡焕庸线即中国地理学家胡焕庸（1901—1998）在1935年提出的划分我国人口密度的对比线，最初称"瑷珲—腾冲一线"，后因地名变迁，先后改称"爱辉—腾冲一线""黑河—腾冲一线"。

远的国际意义。

因电压值不同，输电电压分为高压、特高压和超高压。其中特高压技术可细分为不小于 1000kV 的特高压交流输电和不小于 ±800kV 的特高压直流输电，更适合长距离对点输电的特高压直流输电是各国竞相发展的前沿技术。利用特高压输电技术传送电力时，从发电厂发出的电要通过升压变器将电压升高至 1000（±800）kV 以上，传送到用电区后再通过降压变器把电压降至 220V/380V 供人们使用。

中国的特高压输电技术在世界保持领先地位，并不断刷新纪录。

2011 年 3 月，中国将特高压工程列入国家"十二五"规划，计划建设"三横三纵一环网"特高压骨干网架和 13 项直流输电工程（其中特高压直流 10 项），特高压工程推动了中国特高压输电在距离、输送电量、电压等级等方面的发展，不断刷新世界纪录。

2016 年 1 月 11 日，准东—皖南全长 3324 千米，始于新疆昌吉回族自治州，途经新疆、甘肃、宁夏、陕西、河南、安徽 6 省（自治区），终到达安徽宣城的 ±1100kV 特高压直流输电工程开工，这项工程落地后会实现世界电压等级最高、输送距离最远、输送容量最大、技术最先进的特高压输电工程。

截至 2017 年 9 月，除了正在建设的项目，已经投运的特高压项目就有"八交九直"17 个工程，初步实现了北电南供、西电东送，改善了中东煤炭能源带来的环境污染问题,节省煤炭量约相当于四川省的年用煤消耗(9500多万吨)。

在"四交五直"的工程基础上,中国逐渐推进建设"五交八直""十交两直"特高压工程,2020年年前开设国家"十三五"规划的特高压网架,进一步加强和完善了特高压工程建设。

我国的用电负荷与资源禀赋呈现逆向分布,而特高压作为链接的平台,有效地解决了二者的困局,实现了能源跨区域大范围的调配。

在"十三五"期间,我国特高压跨区跨省输送电量呈现飞速增长态势,国家统计局的数据显示,2020年国网特高压跨区跨省输送电量高达20764.13亿千瓦时,2021年国网特高压跨区跨省输送电量达24415.41亿千瓦时。预计到2025年,国网经营区跨省跨区输电能力将达到3.0亿千瓦。

在"十四五"期间,我国新增特高压交流线路1.26万千米、变电量1.74亿千瓦时,新增直流线路1.72万千米、换流容量1.63亿千瓦时,特高压交直流工程总投资超3000亿元,至此,我国的特高压电网建设迎来新一轮的建设高峰期。

## 2. 特高压输电设备:全世界都在执行"中国标准"

想要利用特高压直流输电,通常离不开以下重要设备:平波电抗器、直流滤波器、避雷器、换流阀、换流变压器等。值得一提的是，换流阀和换流变压器技术，我国处于国际领先水平，成为各国研制创新的标准。

**（1）换流阀**

换流阀是特高压直流输电的核心设备，按程序触发多组换流阀可以实现电流、电压和功率的调节与控制。

2017年，中国研制出世界首个特高压柔性直流输电换流阀，实现了开关器件、电容部件集成的功率模块单元，构建成800kV、70吨的大型阀塔。国际上，中国首次将柔性直流输电技术推广到±800kV特高压等级，送电容量提升至$5\times10^6$kW，打破了西门子和ABB在这项技术中的垄断地位。

**（2）换流变压器**

直流输电系统的心脏是换流变压器，其作用是将送端交流系统的电功率送到整流器，或从逆变器接受电功率送到受端交流系统。它利用两侧绕组的磁耦合传送电功率，实现交流系统和直流部分的电绝缘和隔离，进而避免了因交流电力网的中性点接地和直流部分的接地造成的元件短路。

迄今为止，中国自主研发的±800kV特高压直流换流变压器突破了变压器的散热、噪声、绝缘等技术难关，以技术难度最高、产出时间最短、单体容量最大（493.1MVA）立于世界前沿。特高压柔性直流换流阀换流变压器如图3-1所示。

图3-1 特高压柔性直流换流阀换流变压器

**（3）被广泛采用的"中国标准"**

迄今为止，中国制定了一套特高压输电标准，为推进国际高压电发展发挥了重要的作用。

中国跨远距离的输送电力技术日趋成熟，让跨国跨洲电力输送不再是幻想，中国正在加速推进全球能源的互通，不断实现特高压项目落地国外。

中国在2009年1月获得了菲律宾国家输电网特许经营权40%的股份，随后中国特高压输电先后与葡萄牙、澳大利亚、意大利等7个国家和地区组建骨干能源网，为实现全球电力网谋篇布局。凭借过硬的技术，中国在国外的资产规模逐年提升。

除此之外，中国积极与周边国家开展电力能源合作，加速特高压联网工程规划的进程，预计2025年与哈萨克斯坦、蒙古国、巴基斯坦、俄罗斯等周边国家实现电网互通。

## 3. 特高压输电对我国社会经济的重大意义

随着经济的快速发展，人们对电能的需求与日俱增。特高压输电技术的发展势在必行，不仅能解决我国能源资源与负荷中心逆向分布的问题，更能为社会经济可持续发展提供有效的电力保障。此外，特高压输电还具有以下几个方面的优势。

**（1）满足电力输送的诸多要求**

特高压输电能够满足远距离、大规模、效率高的输电要求，因此特高压输电能够解决我国能源资源与负荷中心逆向分布而带来的痛点。想要实现电力的可靠输送一定要有能实现超大容量、超高效率、超远距离的特高压输电技术。

**（2）提高电网运行安全高效性**

安全是永恒的主题，电力安全尤为重要。"强交强直"的特高压交直流混合电网输电，能够降低无功电压支撑弱、500kV电网潮流转移能力不足等一系列问题，降低大面积停电风险，解决电路超限等电网发展问题，使电网运行更加安全可靠、灵活多变。

**（3）改善环境质量彰显社会价值**

特高压输电能够直接推动清洁电能大规模、远距离、高效率地从西部、北部向中东地区传送，真正做到"电从远方来，来的是清洁电"。特高压输电减少了煤炭的排放量，改善了空气质量和环境污染等一系列问题，具有突出的社会意义。

### （4）利于提高社会的综合效益

特高压输电线路走廊[1]的建设能够节约宝贵的土地资源，与高压和超高压输电相比，特高压输电提高了单位走廊宽度的输送内容。这种节省资源又能提高土地资源利用率的特高压输电技术提高了社会的综合效益。

起初，很多人质疑，如此高压的输送变电设施会不会是大型电磁辐射设施呢？答案是否定的。

《电磁辐射环境保护管理办法》第二十条第二款规定："在集中使用大型电磁辐射发射设施或高频设备的周围，按环境保护和城市规划划定的规划限制区内，不得修建居民住房和幼儿园等敏感建筑。"该款所称"集中使用大型电磁辐射发射设施"是指在同一个用地范围内建设使用的总功率在200kW以上的电视发射塔，或总功率在1000kW以上的广播台（站）。

毫无疑问，继我国高铁、核电之后，特高压输电技术已然成为中国走向世界的第三张高科技名片。这张国际名片的含金量在于，我国的特高压输电从设备到技术都处于国际领先水平。当然，前期的建设还存在很多等待技术专家突破和解决的问题。一项新技术从诞生到落地，再到全国普及，中国依然有很长的路要走。

---

1. 沿高压架空电力线路边导线，向两侧伸展规定宽度的线路下方带状区域。在该区域内，允许公众进入或从事基本农业及其他受限的生产活动。

## 中国特高压的变革与创新

2009年1月6日,"晋东南—南阳—荆门特高压交流试验示范工程"正式投入运营,这是全球首条商业化运营的特高压交流工程,标志着我国电网电压等级跃升到1000kV,同时标志着我国特高压输电技术实现了质的飞跃。

为使"晋东南—南阳—荆门特高压交流试验示范工程"在2006年8月顺利开工,我国做了很多准备工作。例如,2004年国家电网有限公司组织完成了"特高压输电技术及经济可行性研究"课题,全面启动特高压战略。国家电网有限公司招贤纳士,广泛吸纳各方人才,无论是科研人员、建设单位,还是设备厂商,共计几十万人奔赴特高压工程领域。

截至2019年1月6日,历经10年运营,国家电网有限公司建设运营的特高压线路东抵海滨,西达戈壁,南跨群山,东连雪原,"八交十直"串珠成线、连线成网,开启了北电南供、水火互济、西电东送的能源互联网新格局。

我国纵横交错、贯穿东西南北的特高压电网不仅优化了电能配置,解决了电力资源分布不均的问题,而且在我国电力改革、推进电力技术创新方面起到了不可估量的作用。

在10多年的时间里,回看特高压建设成绩斐然。

2010年7月8日,"向家坝—上海±800kV特高压直流输电示范工程"正式投入运营。

2012年12月12日,"锦屏—苏南±800kV特高压直流输电工程"投入运营。

2013年9月25日,"皖电东送淮南—上海特高压交流输电工程"作为世界第一个同塔双回路特高压交流输电工程正式投入运营。这个项目的实施标志着我国装备制造和工程应用、高压交流输电技术开发达到国际水平。

2014年1月27日,"哈密南—郑州±800kV特高压直流输电工程"被称为"电力丝绸之路",正式投入运营。

2014年4月6日,"溪洛渡左岸—浙江金华±800kV特高压直流输电工程"完成双极低端送电。

2014年4月下旬,"淮南—南京—上海1000kV特高压交流工程"通过相关部门核准批复,开始正式筹建。

2018年9月7日,中国在巴西建设了一条输送距离超过2000千米的特高压线路,这也是第二大水力发电"美丽山"项目。

2018年11月16日,青豫特高压开工建设。2020年7月15日,青豫特高压建设完成并实现双极低端系统带电投运。

2020年7月15日,世界上首条主要以输送风光新能源的青豫特高压正式开始输电。

2021年11月6日,江苏特高压工程重庆段重要跨越区段建设通过验收。

……

迄今为止，我国已经率先建立了由168项国家标准和行业标准组成的特高压输电技术标准体系，国际电工委员会很看重中国特高压电力的发展，并成立了特高压直流和交流输电技术委员会，秘书处就设在中国。这也代表着我国电工标准在国际领域享有话语权。

如今，我国特高压建设走在世界前端，未来也会向更加高效的方向发展，在能源转型中起到保驾护航的作用。

## 1. 特高压开启中国绿色能源结构变革

煤炭在我国的能源结构中占比高达70%，随着科学技术的进步，工业化、城镇化发展迅速，能源消耗需求增加，节能减排势在必行。我国必定会大力推广清洁能源来应对燃煤带来的环境污染，以保障能源安全，实现可持续发展。

上海被誉为世界最大的"绿色城市"，这一称谓的由来得益于"向家坝—上海±800kV特高压直流输电示范工程"。据统计，四川向家坝每年要向上海输送 $35 \times 10^9$ 千瓦时的水电，减少燃煤1600万吨，减少二氧化碳排放2600万吨。

常见的清洁能源有水能、风能、太阳能、核能等，最常用的转化能源方式是将这些能源转化为电能，想要达到此目的一定要有特高压电力输送的成熟技术保驾护航。

2017年年底，中国初步形成了华北电网特高压交流网架，"四交四直"特高压全部投入运营，长三角地区新增受电能力$35×10^6$kW，京津冀鲁地区新增受电能力$32×10^6$kW，年平均减少排放53万吨氮氧化物，96万吨二氧化硫和11万吨烟尘，为解决大气污染问题做出了重要贡献。特高压借助北部和西部的清洁能源，助力推动中部地区、东部地区能源消费转型，成为我国绿色发展的重要通道。

2021年国家电网工作会议及数据披露，截至2021年6月，我国在建特高压直流项目2条，特高压交流线路3条，还有5条特高压交流1条，另外，特高压直流输电项目尚在核准状态；荆门－武汉，南昌－长沙特高压交流等重点工程已获得核准；白鹤滩－江苏特高压直流等工程已经动工建设。截至2022年，我国已完成山西晋中、安徽芜湖等十余个特高压变电站扩建工程，并开展"五交五直"共10条新规划特高压线路工程的建设计划；到2025年，中国将有超过30条新建特高压线路工程投入建设计划。

可见，目前我国特高压的建设已经取得了阶段性的成果，但随着我国经济的发展，人们生活用电与工业用电的需求量还会进一步增加，我国特高压电网的建设工作还远没有结束，在未来，仍有巨大的发展空间。

## 2. 特高压在节能减排领域的应用创新

"就地平衡"曾是我国电力发展的准则，也就是说哪里有需要就在哪里建电厂。因为我国中东部发展迅速，电力需求大，所以建设了很多电厂，随之而来的环境污染问题越来越严重。我国作为发展中国家，经济发展迅速、能源消耗量大，目前能源消耗总量排名世界第二，国内很多地区的大气污染物排放量已经达到环境质量达标范围的最大值。为此，我国防控大气污染、调整能源结构已经刻不容缓。特高压电网不仅有利于区域经济发展，还有利于推动我国环保事业前进，享有"电网高速公路"的美誉。特高压电网的运营，减少了煤炭燃烧和二氧化碳排放，提高了土地的利用率，为节能减排作出了突出贡献。

## 特高压产业链的未来掘金池

从经济层面宏观分析，特高压工程投资巨大，会新增很多就业岗位，在一定程度上促进了经济的稳定发展，普惠民生。

特高压有着超长的产业链，其中包括电工装备、用能设备、原材料、电源等，产业链的各个部分具有很强的带动作用。例如，湖南长高高压开关有限公司与国家电网有限公司签订合同，为"青海—河南±800kV特高压直流输电工程项目"提供2300万元的设备。特高压工程对经济的促进作用是长期的，为经济高质量、可持续发展保驾护航，具体表现在以下两个方面。

**第一，均衡发展，改善国计民生**

我国能源中心聚集在西部和北部地区，负荷中心集中在中东部地区，特高压把二者紧密联系在一起，用西部和北部地区的能源支持中东部地区的经济发展，中东部地区优化配置西部和北部地区的资源，二者相互作用的共同进步，解决彼此的难题，以改善我国区域发展不平衡的状况，促进国计民生均衡发展。

**第二，中国创造引领中国制造**

我国的电气设备制造曾经一直坚持"引进技术，消化吸收"模式，而特高压成套输电设备的问世，彻底实现了电气设备从基础研究到工程实践的巨大突破，打破了我国电气设备曾处于"追随"的状态，实现了从"中国制造"到"中国创造"的飞跃。

## 1. 未来特高压行业重点关注领域

### （1）特高压核心设备

随着大力推广特高压工程，与其相关的关键设备也应受到重点关注。例如，换流变压器、并联电抗器、主变压器、GIS 组合电气、直流控制保护系统等。用发展的眼光来看，我们应对变压器等高压交流输电设备加以重视。

### （2）原材料领域

原材料领域的产业化水平较高，目前已经拥有相对成熟的技术。并且资金回流周期短，短期内可以将铜、硅钢、绝缘材料等作为重点领域，多加关注。

**（3）智能电网**

现阶段智能电网呈飞速发展状态，智能化水平提升，信息通信需求扩大。在硬件领域应更多关注智能电表；在电力信息通信领域应重点关注卫星通信网络和移动通信网络的相关应用；在人工智能与区域连接领域应重点关注电网调度、电子发票、绿色证书等；在电力数据领域应深入关注国网云、专业化云平台和能源大数据。

**（4）泛在电力物联网**[1]

目前，泛在电力物联网得到快速发展，可重点关注柔性输电和传感器技术。随着泛在电力物联网的发展日趋成熟，各领域的自动化和信息化水平将不断升级，在国网建设中，电网调度自动化领域会迎来新的投资机遇。

## 2. 未来投资可能性分析

我国特高压输电技术发展迅速，具有广阔的投资空间和市场空间。

**（1）全面启动新一轮特高压建设**

我国最新一轮特高压项目计划建设 12 条线路，总投资高达 1500 亿元。2020 年 1 月，国家电网在 2020 年重点工作计划中明确发布了

---

[1] 泛在电力物联网（Ubiquitous Electric Internet of Things，UEIoT），指围绕电力系统各个环节，充分应用移动互联、人工智能等现代信息技术、先进通信技术，实现电力系统各个环节万物互联、人机交互，具有状态全面感知、信息高效处理、应用便捷灵活特征的智慧服务系统。

全年完成7条特高压线路核准工作，其中有3条在2020年开工，涉及投资金额600亿元，预计在2021—2022年开工4条。一般情况下，建设一条新的特高压线路需要2～3年的时间，在未来5年内，随着特高压线路的不断增长，2025年突破4万千米特高压线路已不再遥不可及。

### （2）"一带一路"推动国际创新合作

国家电网数据显示，我国与周边国家已经建成10多条互联互动的输电通道，并计划大力推动与巴基斯坦、蒙古国、俄罗斯等周边国家的合作，在2030年计划完成9项跨国特高压输电工程，开拓中国电力国际化布局。

在新基建的诸多领域中，特高压领域是表现比较强势的细分行业，由于这个领域在前期没有被大量关注，因此成为资金挖掘领域。在本章最后，我们就来梳理一下特高压行业的机会。

## 3. 特高压的投资规模

2020年，国家电网有限公司核准在2018年9月重启但并未核准的"五直七交"项目。在测算的"五直七交"项目中，包括420亿元的主设备订单。2020年核准的项目涉及5个交流站、4个直流站等，其主设备订单将超过200亿元，直流控制保护系统、换流变压器、GIS组合电气、主变压器及换流阀5类核心设备订单为145亿～170亿元。2020年全年投资达到800亿元，核心设备的供应商业绩随之大幅度增长。

特高压投资额测算结果如图3-2所示。

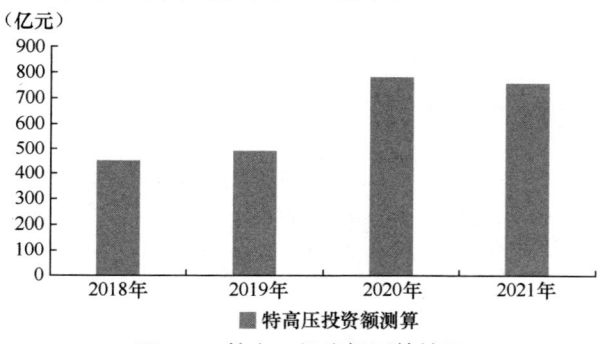

(亿元)

图3-2 特高压投资额测算结果

## 4. 特高压领域的投资主线

我国明确了对增量配电、特高压等热点的态度和方向。

（1）投资规模分析

特高压投资规模有可能大幅增长，提供核心主设备的供应商涉及平高电气、中国西电、国电南瑞、许继电气等。

特高压建设主线依旧是电力物联网，智能化与信息化占比将增加，推荐供应商有国网信通和国电南瑞，它们是目前国网信息化与智能化的龙头企业。

新一代智能电表的应用有望变成现实，综合能源服务跨越式发展，推荐供应商有海兴电力和林洋能源，它们是领先布局的优秀民营企业。

# 第四章

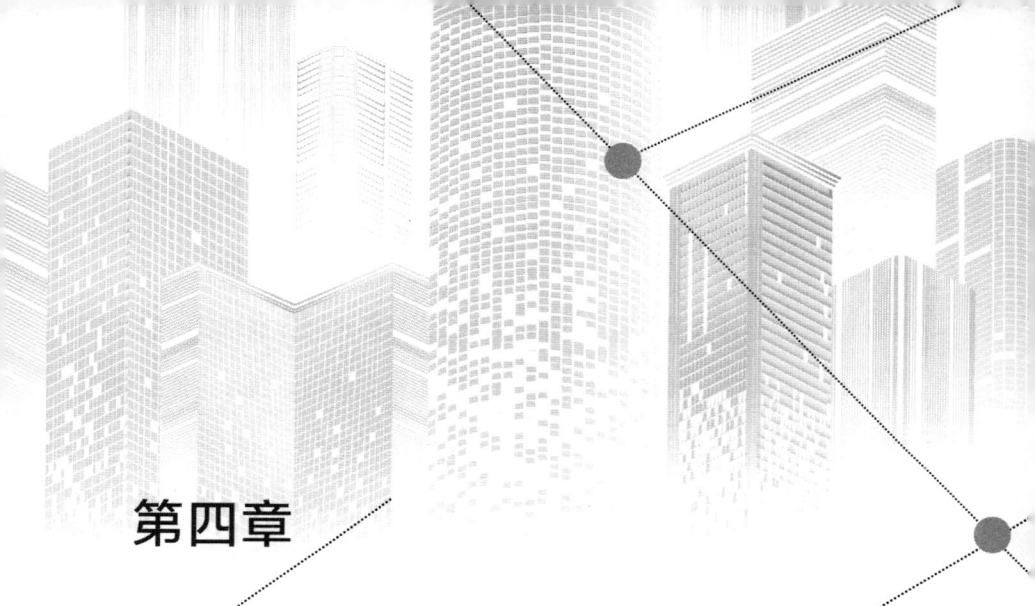

## 城际高速铁路与城市轨道交通：铁路经济重构城市未来空间

从早期的铁路建设到现在的高速铁路建设，铁路是经济发展的催化剂。中国铁路从无到有，见证了中国经济的飞速发展，铁路建设一直是基础设施建设投资的最大项目之一。

为什么只有城际高速铁路、城市轨道交通可以成为新基建呢？

因为城际高速铁路与城市轨道交通的大多数技术是依据信息技术与自动控制技术应用的，例如，轨轮的新材料应用多为技术创新；技术方面也融合了我国先进的技术，例如，实时供电、充电模式、储能等；列车的控制系统与自动运行也都采用的是新技术。

从长远的角度考虑，城市轨道交通建成后会引领城市群的大发展，它所带来的利益远高于其他交通方式，它有效、直接地带动了城市经济的发展。

## 城际高速铁路：重构城市经济格局

城际高速铁路，简称城际高铁，它是采用高标准设计，满足相邻城市之间开行城际列车、运输城际旅客的铁路系统，是连接城市的重要交通运输方式。

城际高铁分为单式城际高铁与复式城际高铁两类。单式城际高铁指仅服务两个城镇间的居民出行需求的高铁，复式城际高铁指同时服务多个城镇居民出行需求的高铁。

我国新型基建热潮此起彼伏，云计算、大数据、物联网、人工智能等数字技术的应用与创新发展，进一步推动了我国城市轨道交通的发展。

2019年9月19日中共中央、国务院印发的《交通强国建设纲要》提出构建安全、便捷、高效、绿色、经济的现代化综合交通体系。

近年来，我国路网运输能力和效率显著提升，铁路技术水平全面跃升，我国铁路客运的运载量、运输密度等经济指标稳居世界第一。为此，相应的规划建设与各方管理机制都要做到与时俱进，统筹好铁路、地铁等城际轨道交通的规划、建设与运营，推动多网融合，促进城市轨道交通的协调发展。

从社会需求层面来看，发展轨道交通是解决大城市交通堵塞、交通不畅的重要途径，也是建设绿色城市、数字城市的有效途径。因此，加快发展城际轨道交通的建设，打造"轨道上的都市圈"被普遍认为是我国新基建的着力点之一。

## 1. 城际高铁让我国交通网络四通八达

近几年，我国在城市化建设方面取得了突出成就，这也体现了我国产业结构的优化以及我国经济社会的现代化发展。我国根据城市经济情况形成了七大城市群，即京津冀城市群、长江三角洲城市群、粤港澳大湾区城市群、成渝城市群、长江中游城市群、中原城市群、关中平原城市群。这些城市群又形成了区域经济，实现了组团式发展。

要想推动城市化发展，关键在于完善交通基础设施，同时投入大量的物力与人力。改革开放以来，我国交通基础设施一直属于持续发展状态，形成了覆盖全国水运、铁路及航空的综合运输网络，这为我国今后的经济发展夯实了基础。

（1）广义与狭义上的城际高铁

广义上的城际高铁是指城际铁路列车运行子系统、城际高铁基础设施子系统以及运输产品与运输服务，营销子系统的城际高速铁路系统。狭义上的城际高铁是指国家铁路运行的，可以连接多个城市的城际列车，或是满足经济发达区域，以公交化运行的城际高速铁路系统。

（2）城际高铁的主要功能和种类

城际高铁是指在城际高速铁路上运行的高铁，属于一种快速轨道交通模式,能大幅缩短城际旅行时间。城际高铁有多种分类方式,根据运输服务类型,可以分为城际货运高铁列车和城际客运高铁列车;根据线路距离,可以分为区域经济圈内的城际高铁列车和跨区域连接多个城市的城际高铁列车;根据开行时间间隔,可以分为公交化城际高速列车和普通高铁列车。

## 2. 重构城市经济新格局

随着我国城市化进程不断加快,人们的生活水平不断提高,出行需求不断增加,在这种情况下,我国势必要加快高速铁路网的发展。中国高铁建设的发展,不仅可以降低人们的出行时间成本,提高交通效率,还可以带动城市共同发展。

### (1)城际高铁对城市人口分布的影响

人们在选择居住地时,通常会考虑生活的便利性、交通成本、上班通勤时间等。综合考虑,城市的中心区域拥有更完善的基础设施,是很多人的首选居住地。但是城市中心空间有限,导致生活成本很高。如果居住地过于偏远,每天的出行时间成本同样很高,这是很多年轻人在选择居住地、购房时面临的现实问题。

高铁的出现帮助很多人解决了这个问题。高铁的运行速度极快,相对飞机票来说票价不高,可以让居住在郊区的人们很快到达城市中心区域,扩大了人们日常生活的活动范围,为很多无法在城市中心区域安家的人们提供了更好的选择。

### （2）城际高铁对城市经济的影响

高铁能够缩短城市与城市之间的距离，增加城市间相互合作的机会，提升了人才、物质、技术等经济要素的流通效率。中国、美国、日本等多个国家的高铁发展带动了城市经济与文化的发展，也使彼此的联系更加紧密，这样可以快速形成核心城市的经济圈。

以京沪高铁为例，京沪高铁于 2008 年开工，耗资 552 亿并于当年完成，刷新了中国铁路单一项目完成投资纪录。该项目投资需要 1200 多万吨水泥、10 多万吨外加剂、200 多万吨钢材，并增加了 60 万个就业岗位。最重要的是，高铁产业链加速了高铁建设，可以带动电力、信息、机械、冶金、合成材料等一系列相关行业的发展，包括上游铁路基建环节、中游整车制造和机械设备环节及下游信息系统环节。

### （3）城际高铁对城市形态的影响

城市形态是指一个城市的全面实体组成，或实体环境及各类活动的空间结构和形式。自然环境的变化、交通运输方式的变化、政府部门的政策调整都会影响城市形态的变化。其中交通运输方式是主要的驱动力。一般情况下，铁路会使城市结构变得更加紧密，公路反之。

除此之外，高铁也会影响沿线地方政府的决策与战略部署。例如，高铁项目开建时，沿线地方政府就会分析建成之后对城市发展所带来的影响，充分释放高铁建设带来的红利。由此可见，城市的发展可带动空间组织形态不断变化，由最初的独立分散型结构变为单中心结构，之后是多中心结构，到最后实现一体化网络结构。

## 轨道交通的五大类型

根据不同的标准，城市轨道交通划分的方式有多种，通常我国是根据轨道类型进行分类的，主要分为地铁、线性地铁、轻轨铁路、有轨电车、独轨铁路、自动导轨交通系统与磁悬浮交通系统等。

政府部门之所以要合理地规划城市轨道交通，是因为它会直接影响着交通是否拥堵、资源是否浪费等问题。为了满足市民出行的交通需求，城市管理部门需要从运输能力角度上优化出行的方式和规则，例如，在上下班高峰时期，城市管理部门需要考虑运输能力强大的地铁。地铁是一种非常便利、容量很大的轨道交通系统，其高峰时期每小时单向最大客运量可以达到3万～7万人，但是投资成本较高、周期较长、工程难度较大。

如果对运输能力要求不是很高，城市管理部门可以修建中等容量的轨道交通系统，例如，轻轨或者有轨电车，建设成本只有地铁的一半左右。如果对运输能力要求较低，城市管理部门可以修建一种由架空的单轨轨道构成的铁路，独轨交通的建设成本比轻轨和有轨电车还要低。

上述地铁、轻轨、有轨电车、单轨铁路等通常都是用来满足城市内部的交通出行需求。而对于一些近郊、远郊的线路则需要市郊铁路。为了方便乘客出行，一些市郊铁路会与高铁相连通，例如，京津城际铁路，该城际铁路连接了京沪高铁，全线长166千米，设立 7 个站点，运行时速高达 300 千米/小时。

## 第一类：城市轻轨

轻轨是采用电力牵引、轮轨导向，在专用车道上行驶的一种绿色交通工具，它是在有轨电车的基础上改造的城市轨道交通系统。

1904 年，中国第一条轻轨线路——抚顺电铁正式开通运营，后续出现了长春轻轨、津滨轻轨、大连轻轨等多条轻轨线路。

1978 年 3 月，在比利时首都布鲁塞尔召开的国际公共交通联合会议上，轻轨被命名为"Light Rail Transit"，翻译成中文就是"轻轨"，简称 LRT。

轻轨具有投资成本低、运行准点率高、运输能力强、运营管理难度低等优点，大型城市完全可以将其作为城市交通的补充工具，中小城市可以将其作为主要的交通工具。轻轨轨距为 1435 毫米，轻轨车站通常采用高架站与侧式站台的形式，车站结构主要有桥梁式结构、钢筋混凝土架构结构、框架 + 桥梁式结构。

很多人认为轻轨与现代有轨电车是一种交通方式，实际上轻轨、有轨电车、地铁 3 种交通方式存在着明显的区别。轻轨通常是建在高架上，少数情况是在地面；有轨电车多数建在地面，少数情况是在立交或跨越河流；地铁通常是在地下，少数情况是在地面或者高架。这几种交通方式的运输能力是有很大差异的。对于这几种交通方式都存在的城市，通常会将这几种交通方式统称为"轨道交通"。

## 第二类：地下铁路交通（地铁）

地下铁路交通即地铁，我国地铁车型可以分为 A 型、B 型、C 型及 L 型。多数地铁是在地下运行的，但是也有部分线路的部分路段是在地面或高架上运行的。地铁主要是由电力驱动，线路为全封闭状态的一种重轨交通工具，它具有安全、舒适、运输能力强、无污染、节约城市土地资源等优势。地铁的劣势是发生火灾、地震等紧急情况时，运营单位很难在短时间内疏散地铁内的乘客，以及建设成本高、运营周期长等。

地铁的供电方式主要是第三轨供电与接触网供电，采用直流 750V～1500V 的高压电。因此，地铁管理人员严禁乘客进入地铁轨道系统。目前地铁已经发展为集成自动防护系统、自动运行系统、自动监控系统等的综合性系统，取代了最初的地面信号系统。

2019 年 5 月 16 日，由天津中车唐车轨道车辆有限公司研制的新一代智能 B 型地铁首次出现在第三届世界智能大会上。新一代智能 B 型地铁采用无人驾驶，在控制中心就可以进行实时监控，一旦发生异常情况，智能化系统会在第一时间找到有效的解决方案。

地铁轨距为 1435 毫米，钢轨为重型钢轨，道床以混凝土整体道床为主。在地铁交通系统中，地铁站是关键的组成部分，包括中间站、尽头站、折返站与换乘站。地铁车辆采用的是电动编组，方便自动行驶。为了降低发生火灾的概率，地铁车辆在选材时普遍选用阻燃材料。

## 第三类：有轨电车

有轨电车是由电力驱动的，行驶在轨道上的一种轻型轨道交通车辆，具有无污染、低成本、便捷舒适等优势。1879年，德国工程师西门子在柏林博览会上首先尝试使用电力带动轨道车辆。1887年，匈牙利的布达佩斯率先创立了首个电动电车系统。20世纪初，有轨电车在欧洲、亚洲、美洲、大洋洲的部分城市已经成为当地常见的一种交通工具，由于私家车的发展，1950年，有轨电车在部分城市已经取消。

根据车辆地板的高低程度，有轨电车可以分为高地板有轨电车与低地板有轨电车两种。目前多数城市以低地板有轨电车为主。根据供电方式，有轨电车可以分为接触轨与架空接触网式有轨电车。根据轮轨制式，有轨电车可以分为钢轮钢轨有轨电车与胶轮导轨有轨电车。

有轨电车在高峰时期单向最大客运量为每小时1万～1.2万人次，运输能力大于公交车。有轨电车的一大优势是模块化设计，这样既可以降低检修维护的成本，还可以根据实际运输情况增加或减少车辆。现在有轨电车的设计除了考虑功能性、安全性，还会考虑乘客的舒适性。

有轨电车的建设成本较低，只有轻轨的三分之一，运营费用也较低，减少了投资回报周期，同时能耗仅为公交车的四分之一。建设有轨电车线路的路径及优势详见表4-1。

表4-1  建设有轨电车线路的路径及优势

| 建设路径 | 建设优势 |
| --- | --- |
| 改造原有废弃铁路 | 对原有废弃铁路进行改造，实现闲置资源的再利用。这种建设方式的投资成本较低，而且提高了轨道、土地等城市资源的利用率 |
| 新建有轨电车线路 | 建设单位结合城市特性、市民出行需求等设计有轨电车线路建设方案，经过充分研究论证后实施建设。这种建设方式可以最大限度地满足市民的出行需求，而且能与城市环境融为一体 |
| 与干线铁路共享轨道 | 这种建设方案增加了干线铁路的可达性，能够有效解决城市交通"最后一公里"问题，同时，它拓展了有轨电车系统的服务能力，使市民的出行更方便快捷 |

## 第四类：城市独轨

城市独轨交通的车辆是在单根轨道上行驶的。根据车辆在轨道位置上的差异，车辆在轨道上方时，被称为跨座式独轨交通；车辆悬挂在轨道下方时，被称为悬挂式独轨交通。

跨座式独轨交通的轨道通常是在预应力钢筋混凝土梁上铺设钢轨，轨道结构由轨道梁、支柱、道岔构成。跨座式独轨交通的车辆是电动车组，转向架是跨座式独轨交通的核心部件，它是车辆的走行部分，以二轴转向架为主，上下两侧安装了两个导向轮、两个稳定轮。每根车轴都会配置一台交流牵引电机，并且在每根车轴上安装两个行走轮，列车在行驶时，行走轮始终与轨道梁顶面接触。

# 第四章
城际高速铁路与城市轨道交通：铁路经济重构城市未来空间

悬挂式独轨交通的轨道架设在支柱上方，车轮在车厢上方，轨道梁借助的是一定跨距的钢支柱或架设在空中的钢筋混凝土支架，车辆悬挂在轨道梁下方运行。

城市独轨交通具有运行速度快、技术复杂性低、占用城市土地资源较少，并且不会陷入交通拥堵、对建设地理条件要求低等优点。

目前，城市独轨交通主要用于满足城市中心区域与卫星城之间的出行需求，以及城区与码头、机场等郊区设施的干线运输需求。还有一些城市将独轨交通设置为观光游览线路。城市独轨交通的劣势一方面是橡胶轮胎增加了能耗，另一方面是轨道架在高空，遇到事故时救援难度大等。

## 第五类：自动导轨

自动导轨交通（Automated Guideway Transit，AGT）系统是利用计算机控制自动运行的城市轨道交通方式，它通过导轮轨引导方向，行驶在两条平行的轨道上。20 世纪 60 年代，美国西屋电气公司研发了世界上首个自动导轨交通系统，随后法国、日本等也开发了自动导轨交通系统，并在多个城市中使用。

自动导轨交通的重要特征是无人驾驶，核心技术主要包括自动控制技术与导轨技术。其中，导轨导向分为中央导向与两侧导向两种类型。中央导向是指导轨位于轨道中间位置，并通过接触车辆底部安装的水平轮进行方向控制；两侧导向是指导轨位于轨道两侧位置,并利用行走轮与两侧导轨接触来控制车辆方向。

目前,主流的自动导轨交通系统包括3类,即穿梭/环路式轨道交通(Shuttle/Loop Transit,SLT)系统、集体轨道交通(Group Rapid Transit,GRT)系统、个人轨道交通(Personal Rapid Transit,PRT)系统。

与GRT系统、PRT系统相比,SLT系统的复杂程度最低,分为穿梭式交通系统与环式交通系统,中途都可以设置站点。其中SLT系统的车厢容量大,可以容纳100人左右。GRT系统使用的车厢是中型车厢,可容纳1～70人,主要运输出发地与目的地相同的乘客。PRT系统使用的车厢是小型车厢,可以容纳2～6人,它运行在复杂的路网中,需要用计算机对车辆进行自动化控制。

SLT系统是应用最为广泛的系统,适合登机厅与候机楼的主楼之间,以及大型社区、游乐场等内部运输乘客。总体来看,自动导轨交通系统的运输量较低、运营灵活性高、自动化程度较高,可以根据乘客数量安排发车间隔时间。

## 城市轨道交通产业链趋势分析

随着我国城市化的发展,轨道交通的建设提高了人们的出行效率、降低了出行成本、减少了换乘时间与次数。城际高速铁路与城市轨道交通都是通过我国一系列先进的基础设施建设,对已有的交通方式赋能,推动轨道交通向智能化与数字化发展。除此之外,城际高速铁路与城市轨道交通让出行更加方便快捷，拉动经济增长。因此，我国积极发展城际高速铁路与城市轨道交通。城际高速铁路与城市轨道交通的产业链涉及领域众多，包括原材料、建筑施工、设计咨询、装备制造、运营维护、下游应用运输服务行业，同时还有很多增值服务。城际高铁与城市轨道交通产业链见表 4-2。

表 4-2 城际高铁与城市轨道交通产业链

| 上游 | 中游 | | 下游 | | |
|---|---|---|---|---|---|
| 设计咨询 | 建筑施工 | 装备制造 | 运营维护 | 应用 | 增值服务 |
| 咨询 | 工程机械 | 机械设备 | 资源管理 | 公共事业 | 商业 |
| 规划 | | | 行车组织管理 | | |
| 勘察与测量 | 土建施工 | 电气设备 | 客运组织管理 | 运输服务 | 培训 |
| 设计 | | | 乘务组织管理 | | |
| 原材料 | | | 安全监测 | | |
| 轨道基建配套 | | | 维修管理 | | |
| 建筑材料 | 机电安装 | 智能化系统 | 应急管理 | | 工程服务 |

## 1. 产业链上游

产业链上游是整个产业链中最重要的一环，主要内容是设计咨询、原材料。其中，设计咨询包括咨询、规划、勘察与测量、设计，目前设计咨询方面相对完善，但是随着城际高速铁路与城市轨道交通的投资越来越多，设计咨询行业的需求也会随之增多。

目前，我国工程勘察设计企业逐渐从传统的勘察设计转向设计、施工一体化发展形势，具备工程设计与工程施工资质的企业数量也在增加，工程总承包收入已经占行业收入的一半以上，且总承包企业可以根据实际建设情况进行工程设计与后期调整，对行业提高质量、增加效益有很大的作用，行业的经营效益也在不断提升。

我国城镇化人口数量一直持续上涨，因此，城市轨道交通设计的审批权不断放宽，这对于各省市城市轨道交通的发展起到了一定的促进作用，间接加速了我国城市轨道交通的发展。所以，此领域的工程设计咨询较多，行业发展也比较火热。

## 2. 产业链中游

产业链中游属于比较成熟的环节，市场化程度高，竞争激烈，主要包括建筑施工与装备制造。建筑施工包括土建施工、机电安装、工程机械等；装备制造包括电气设备、机械设备、智能化系统等。其中，装备制造产业链长，专业和技术的产品多，是国家重点支持的产业领域。

### （1）轨道交通装备

轨道交通装备是自主创新程度最高、国际竞争力最高的行业之一，更是我国在高端制造领域的重要组成部分。经过几年时间的发展，我国轨道交通装备已经取得了飞速发展，市场规模也在不断扩大。

## （2）五大产业集群

我国轨道交通装备产业主要分布于传统工业强省，包括吉林、河北、山东、江苏、湖南等省（自治区、直辖市），并且根据自身的区域优势、资源优势、技术优势，使之具有较强的竞争优势。我国轨道交通装备领域的五大产业集群分别为长春、唐山、青岛、南京、株洲。我国轨道交通装备制造业产业集群分布见表4-3。

表 4-3　我国轨道交通装备制造业产业集群分布

| 地区 | 产业集群简介 |
| --- | --- |
| 长春 | 长春轨道客车股份有限公司具有我国最大的轨道客车研发、制造、检修及出口基地，是中国地铁、动车组的摇篮 |
| 唐山 | 唐山的轨道交通装备配套企业发展迅速，形成了以今创四海、宏正机械、惟思得、科奥浦森电缆等企业为骨干的配套企业产业集群，产品覆盖动车部件、普通轨道交通装备部件及配套物流等领域 |
| 青岛 | 青岛城阳被评为全国轨道交通装备制造产业重要的研发基地和生产基地，被青岛誉为"机车故乡、动车母港"。国家高速列车技术创新中心在此设立，其中包括高速磁浮实验中心、高速磁浮试制中心、环境风洞综合实验室等多个项目 |
| 株洲 | 中车株洲电力机车有限公司是我国最大的电力机车研制基地，占中国电力机车总量的60%以上 |
| 南京 | 南京蒲镇车辆有限公司始建于1908年，是我国铁路客运和城市轨道交通装备专业化研制企业，公司具有完善的产业链 |

## 3. 产业链下游

产业链下游主要针对城市轨道交通运营、客货运输行业。由于新线的开通进行运营维护、客流量的增加、商业价值的提升，增值服务潜力巨大。

**（1）巨大的运营压力**

近年来，城市轨道交通是城市公交的重点发展类型，主要包括轻轨交通、地铁交通、有轨电车交通、各种索道及缆车的经营管理活动。轨道交通运营客流量的增加、线路的延长，都给轨道交通的运营维护带来了巨大的运营压力，同时也带来了巨大的发展机遇。

**（2）行业竞争新格局**

轨道交通运营维护行业是随着我国轨道交通的发展而逐步形成的。与国外同行企业相比，国内企业更加了解我国轨道交通发展的技术与模式，所以该行业的竞争是国内企业之间的竞争。我国轨道交通运营维护行业竞争格局见表4-4。

表4-4 我国轨道交通运营维护行业竞争格局

| 细分领域 | 竞争格局 |
| --- | --- |
| 系统集成 | 国外企业由于成本较高且后续技术支持及服务不及时等，竞争力较弱，国内领先企业在此领域具备一些优势 |
| 独立设备 | 国外企业在科技含量较高的单项独立设备方面具备一定的技术优势，但国内企业具有价格、技术、服务等综合竞争能力 |
| 辅助设备 | 该领域企业众多，多数规模较小，设计开发能力较弱，主要产品以辅助检修设备为主，技术含量普遍较低，整体竞争力不强 |

从长远角度考虑，覆盖线路全周期的、系统专业的运营管理服务才是轨道交通行业的发展目标。企业不仅要通过搭建产业大数据系统、智能化升级装备及打造工业服务平台，提升企业运营管理的

能力与水平，也要把握与业界龙头企业的合作，挖掘市场潜力，引导客户需求，创建轨道交通行业工程建设、运营维护及车辆制造三足鼎立的生态圈，促进新模式落地。

## 走向中国交通强国之路

与普通铁路相比，高速铁路在各个方面都需要更为先进复杂的科学技术，我国加强技术创新能力是加快城际高铁建设的重中之重。

一直以来，我国众多领域的技术发展采取的是"引进—消化"发展模式。它的优势就是技术发展周期短，劣势是由于核心技术引入难的问题，导致我国很多重要领域缺少核心技术，给产业发展带来极大的影响。针对高铁技术方面，我国需要打造更为完善的高科技体系。

2021年12月9日，国务院发布了《"十四五"现代综合交通运输体系发展规划》（以下简称《规划》）。整个《规划》立足新发展阶段，以习近平新时代中国特色社会主义思想为指导，以坚持人民交通为人民，充分发挥交通作为中国现代化开路先锋的作用为基本原则，完整、准确、全面贯彻新发展理念，以加快建设交通强国为目标，完善结构优化、一体衔接的设施网络，构建现代综合交通运输体系。到2025年，我国的综合交通运输要基本实现一体化、智能化、绿色化融合发展，交通运输发展向世界一流水平迈进。到2035年，要完成构建并基本实现"全国 123 出行交通圈"(都市区 1 小时通勤、城市群 2 小时通达、全国主要城市 3 小时覆盖)和"全球 123 快货物流圈"(快货国内 1 天送达、周边国家 2 天送达、全球主要城市 3 天送达),最终打造先进的现代化高质量国家综合立体交通网,基本建成交通强国。

结合国内外城际高铁的发展过程,我国推进城际铁路发展的政策建议见表 4-6。

表 4-6 我国推进城际铁路发展的政策建议

| 序号 | 政策建议的具体内容 |
| --- | --- |
| 1 | 国家有关部门应该加快完善城际高铁方面的投融资体制,推出更多有利于城际高铁建设的好政策,确保城际高铁项目得到足够的资金支持 |
| 2 | 地方政府应将城际高铁建设融入城市发展规划中,为城际高铁项目落地及城际高铁与其他交通运输方式的衔接奠定良好的基础 |
| 3 | 地方政府在推进高铁建设时,应该坚持统筹规划、分步实施、协调发展的战略,并积极开展管理体系创新 |
| 4 | 铁路企业应该建立现代企业制度,将自身打造为充满活力与竞争力的新型运输企业 |

投资成本高、工程周期长、投资回报周期长等都是城际高铁项目的特点,也是需要解决的问题。在融资过程中,除了充分利用好银行的融资渠道外,更应该积极地尝试一些新的融资方式来解决资金问题。

城际高铁项目既具有商业性,又具有公益性。因此,这类项目建设时可以采用联合投资的方式,包括投资机构、地方政府、铁路公司等。结合我们目前的投融资体制现状,可以采取以下 5 种措施进行城际高铁项目融资。城际高铁项目融资的具体措施如图 4-1 所示。

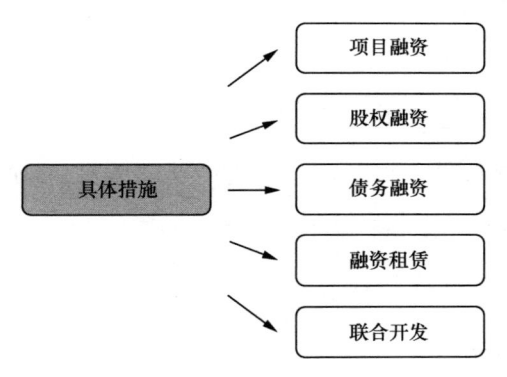

图4-1 城际高铁项目融资的具体措施

## 1. 我国城际高速铁路与城市轨道交通行业投资规模预测

2019 年,我国正式发布了《交通强国建设纲要》,其中明确提出到 2035 年基本实现交通强国的总目标,同时要大力推进城际铁路、市域(郊)铁路、城市轨道交通和干线铁路融合发展的一体化交通网。

## 2. 轨道交通产业链最具价值企业

与轨道交通相关的产业,例如,以勘察设计及建设为主的中国中铁股份有限公司、中国铁建股份有限公司;以基础设施建设为主的中国电力建设集团有限公司、宏润建设集团股份有限公司、北方国际经济技术开发集团有限公司、北京中电兴发科技有限公司等；以生产配套设备为主的康力电梯股份有限公司、华昌达智能装备集团股份有限公司等；以智慧轨道交通为主的锦江股份有限公司、深圳达实智能股份有限公司等；以生产核心零部件为主的卧龙电气驱动集团股份有限公司、晋亿实业股份有限公司、江阴电工合金股份有限公司等；以生产电气设备为主的上海电气集团股份有限公司、国电南瑞科技股份有限公司等。这些企业在轨道交通产业链中发挥着不可估量的作用，环环相扣、层序分明地为我国城际高速铁道与城市轨道交通发展夯实基础。

# 第五章

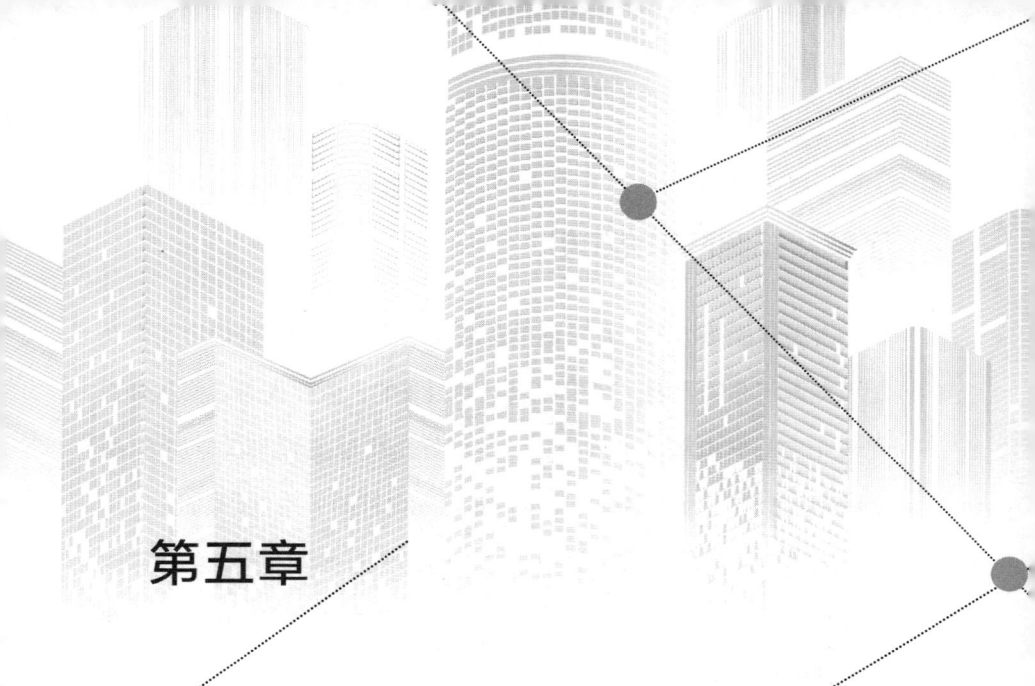

# 新能源汽车充电桩：为新能源汽车市场发展保驾护航

"新基建"把新能源汽车推到了时代的前沿。2020年《政府工作报告》首次将"建设充电桩"扩展为"增加充电桩、换电站等设施"，彰显了"换电站"已是新基建的重要组成部分。如此，消费者对新能源汽车的认可度提升，工业和信息化部在2019年年末发布的《新能源汽车产业发展规划（2021—2035年）》中指出，2025年中国新能源汽车销量占比预计达到25%，到2030年，中国新能源汽车保有量预计达到6420万辆，根据充电桩与电动能源汽车的1∶1建设目标，我国充电桩建设仍然存在极大的缺口，数以千万的新能源汽车会促使充电桩基础设施建设快速发展。

# 了解新能源汽车充电桩

发展新能源汽车是我国新能源战略的重要方向，目前电动汽车是新能源汽车的代表。要想实现电动汽车的产业化发展，必须加快完善相应的充电基础设施建设，这就好比传统能源汽车与加油站，二者相辅相成、互相促进，电动汽车与充电桩的关系也是如此。

大力发展新能源汽车会引领中国迈进汽车强国之列，为实现这一目标就要大力推进充电基础设施建设，新能源汽车充电桩行业是新基建的重点项目之一。

充电桩就像是电动汽车的外置"心脏"。从结构上看，充电桩主要由电气模块、计量模块、桩体等部分组成，具备计费、通信、控制、电能计量等功能。

目前电动汽车的能源供给模式有两种：一是自充电模式，其中又分为常规充电和快速充电，但无论哪种充电模式都离不开充电桩；二是换电池模式。这两种模式在国际上已经得到广泛应用，相较而言，自充电模式更受大众青睐，换电池模式略逊一筹，但也得到了一定的关注。自充电模式在广受青睐的同时更加凸显了充电桩的重要性。

## 1. 我国的充电基础设施建设迎来发展热潮

2022年1月10日，国家发展和改革委员会、国家能源局等多部门联合发布了《国家发展改革委等部门关于进一步提升电动汽车充电基础设施服务保障能力的实施意见》(以下简称《意见》),《意见》指出,要合理布局城市公共充电网络,加快补齐建设短板,将快充站纳入高速路充电桩服务区配套基础设施建设范围,这对于指导"十四五"时期充电基础设施发展具有重要意义。

2021年5月,国家发展和改革委员会、国家能源局发布了《关于进一步提升充换电基础设施服务保障能力的实施意见(征求意见稿)》(以下简称《意见》),《意见》的发布将助力我国新能源汽车产业发展,加快提升充换电基础设施建设和保障能力等服务。在各项政策的加持下,我国充电基础设施建设将迎来新一轮发展热潮。

除了国家政策方面的引导与支持,充电基础设施的建设与发展也得到了地方相关政策的大力支持,许多地方政府已经将充电基础建设纳入"十四五"期间的发展重点。

2021年5月12日,工业和信息化部和国家能源局联合发布了《关于组织开展新能源企业换电模式应用试点工作的通知》,提出各省市应加快换电试点应用。由此看出,国家政策支持充电、引导换电等多种模式齐头并进,协同发展。此后,河南省、山东省、湖南省、浙江多个等地方政府出台了相关政策,加速我国地方充电基础设施建设的步伐。

贵州省人民政府发布的《贵州省电动汽车充电基础设施建设三年行动方案(2021—2023年)》强调"要将电动汽车充电基础设施作为新型城市基础设施建设的重要内容,形成以快速充电为主的高速公路充电网络和覆盖市、县、乡三级的公共充电网络"。

安徽省人民政府办公厅则印发《安徽省新能源汽车产业发展行动计划（2021—2023年）》。该计划明确了2021—2023年新建充电桩4万个；到2023年累计建成充电桩不低于15万个，其中公共充电桩数不低于5万个。

而江西省人民政府在出台的《关于加快建立健全绿色低碳循环发展经济体系的若干措施》中也提出"到2022年年底，实现高速公路服务区充电桩全覆盖，提升交通基础设施绿色发展水平"。

事实上，我国充电基础设施建设之所以迎来发展高峰，这与新能源汽车市场的飞速发展密不可分。当然，在充电基础设施的发展建设过程中，单一的模式难以满足所有市场需求，未来如何进一步多元化发展才是行业前进的生命力，更是值得我们思考的课题。

2019年5月，国际能源署发布了《全球电动汽车展望2019》报告，预测2030年全球充电桩的建设规模如下：基于EV30@30目标倡议和各国最新政策，2030年新能源汽车将占汽车总量的30%。其中分两种情形，一种是全球私人充电桩保有量在2030年预计达12800万～24500万台，总充电功率达1000G～1800GW，总充电量达480T～820TWh；另一种是全球公共充电桩保有量在2030年预计达1000万～2000万台，总充电功率达113G～215GW，总充电量达70T～124TWh。假设2030年公共充电桩均价3万元/台、私人充电桩0.4万元/台、电费0.5元/千瓦时、服务费0.7元/千瓦时，不考虑各国的差异可预计出全球充电桩的费用总规模在2030年可达到 0.18 万亿～1.58 万亿元，充电费用总规模为 0.66 万亿～1.13 万亿元。假设国内市场占全球充电桩市场份额的 40%，由此推算我国服务市场规模和充电桩设备将超过 5000 亿元。

除了上述公共充电桩基础设施建设，我国多个主体也都积极参与到充电桩的建设中来。

### （1）我国私人充电桩建设

根据用户场景不同，可以把充电桩分为私人充电桩和广义公共充电桩，其中广义公共充电桩又细分为专用桩和狭义公共充电桩（本章所提公共充电桩如无特殊说明都指广义公共充电桩）。中国电动汽车充电技术与产业联盟在 2020 年 2 月发布了《2019—2020 年度中国充电基础设施发展年度报告》，其中谈到从 2015—2019 年，我国公共充电桩从 5.8 万台增加到 51.6 万台，年复合增速达 72.9%；在此期间私人充电桩从 0.8 万台增加到 70.3 万台，年复合增速达 206.17%。近几年私人充电桩发展提速，从 2015 年的 12.2% 提升到 2019 年的 57.7%，提升了 45.5%。

### （2）我国二线城市的充电桩建设

中国电动汽车充电技术与产业联盟的数据显示，截至 2020 年 2 月，我国充电桩保有量排名前十的省市分别是江苏、广东、北京、上海、山东、浙江、安徽、河北、湖北、福建，合计公共充电桩保有量 39.24 万台，占比 73.9%。2020 年 2 月我国公共充电桩保有量排名前十的省市如图 5-2 所示。从图 5-2 中可清楚地看到前四名的市场份额都超过 10%，合计占比 46.1%。

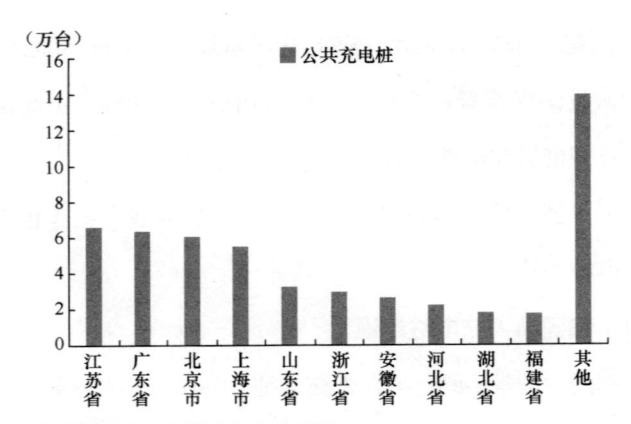

数据来源：中国电动汽车充电技术与产业联盟

图5-2　2020年2月我国公共充电桩保有量排名前十的省市

2016—2020年2月我国部分省市公共充电桩分布如图5-3所示。从整体趋势来看，北京、上海等经济发达地区的公共充电桩市场份额持续降低，从2016年2月至2020年2月，市场份额由43.5%降低到36.1%。二线城市的充电桩基础设施建设加速也预示着我国新能源汽车在二线城市渗透提速，并广受欢迎。

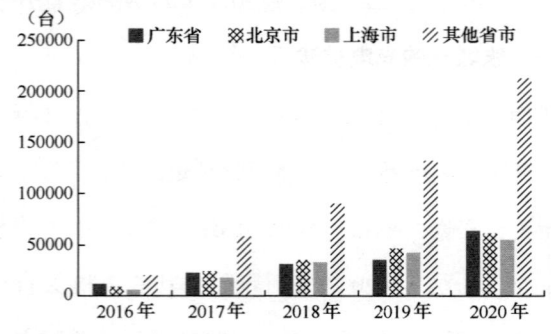

数据来源：中国电动汽车充电技术与产业联盟

图5-3　2016—2020年2月我国部分省市公共充电桩分布

**（3）我国国企、民营企业等多类主体积极参与充电桩基础设施建设**

截至 2020 年 2 月，中国电动汽车充电技术与产业联盟的数据显示，我国公共充电桩前十大企业中，国家电网、星星充电、特来电分别运营公共充电桩 8.8 万台、13 万台、15.2 万台，对应市场份额为 16.5%、24.5%、28.7%，远高于其他企业，合计占比达 69.7%。我国私人充电桩前十大企业中，前三名分别是比亚迪、北汽和上汽，其中比亚迪的充电桩总量较多，运营私人充电桩 41.9 万台，市场份额占 58.7%；北汽和上汽运营私人充电桩 11.3 万台、9.4 万台，市场份额分别占 15.9% 和 13.1%。

## 2. 充电桩基础设施建设类型及标准

如果你驾驶一辆传统能源汽车去加油站，工作人员会先问你加什么型号的汽油，同理当电动能源汽车到充电桩前，充电桩会先识别电动能源汽车的电压等级，然后进行充电。充电桩的工作原理相对来说是简单易懂的，需要完成蓄电池充电，即蓄电池放电后让直流电按照蓄电池放电电流相反的方向流入蓄电池，使其恢复工作能力。充电过程中电池正极与电源正极相连，电池负极与电源负极相连，电池的总电动势一定要低于充电的电源电压。

**充电桩按充电方式不同可以分为两种类型**。一类是直流充电桩，也就是所谓的"快充"，通过电子电力相关技术对交流电进行处理，最终获得足够的功率直接对电动能源汽车进行充电，可以大范围地调整输出的电压和电流以满足快速充电需求。另一类是交流充电桩，也就是所谓的"慢充",通过标准的充电口与交流电网建立连接,通过车载充电器为电动能源汽车充电。

电池使用的电流不同,导致充电桩会有快充和慢充两种方式。电动能源汽车使用的锂电池必须是直流电,直流充电桩可以将电能从交流电转变为直流电,实现快速充电。如果使用交流充电桩充电,就要使用车载充电器完成交流电到直流电的转换,车载充电器功率较小,充电速度就很慢。相信在未来,随着科学技术的进步,还会在充电桩的基础上衍生出电池更换技术、无线充电技术等多种新型充电技术,进一步提升电动能源汽车的充电速度与效率。

**新能源汽车充电器的 3 个标准**。第一个是国家标准。我国的充电口国家标准是交流额定电压不超过 440V,频率 50Hz,额定电流不超过 63A,直流额定电压不超过 1000V,额定电流不超过 250A。第二个是 CHAdeMO 接口。CHAdeMO 接口是经国际电工委员会(International Electrotechnical Commission,IEC)批准的电动车快速充电器的国际规格,主要应用于日系车,全球应用范围非常广。这种直流快充插座可以提供 50kV 的电容量,最高功率为 62.5kW。第三个是联合充电系统(Combined Charging System,CCS),这种充电方式多应用在美国和欧洲。CCS 能够将普通充电和快速充电进行整合,这样一辆车只需要配置一个充电接口就能满足不同规格的电源使用。

**充电桩 App**。充电桩 App 是电动汽车车主的必备软件,主要功能可以通过地图定位可视范围内的充电桩位置,为车主导航;显示充电桩的状态，可以为车主提前预约充电桩；根据车主出行计划选择快充还是慢充；显示充电桩收费说明以及支付方式；支持私人充电桩接入，供其他车主使用获取一定收益；支持车主对各项信息整合管理，对使用过的充电桩进行评价交流等。所以说充电桩App不仅可以用来寻找充电桩，还可以提高充电桩的使用效率。

**充电桩的建设和管理方式**。充电桩有两种建设方式：一种是集中建设，充电桩数量较多，需要请专业人士维护、管理、运营；另一种是分散建设，即固定在某个地点，建设几个可供私人充电的充电桩，这种充电桩比较分散，维护成本比较高。

充电桩数量会随着日益火爆的电动汽车市场持续增长，这就需要通过控制器局域网络（Controller Area Netwok，CAN）总线与后台管理系统进行组网通信，做好充电桩的管理工作。后台管理系统能够实时监控充电桩的运营状态，对各个网点进行分层管理，直观显示运营情况，查询会员数量等数据，帮助管理人员做好防护与维修工作，不仅降低了成本，还实现了智能化管理和网络化管理。

## 充电桩衍生出的新商业模式和盈利模式

电动汽车市场规模持续扩大，充电桩作为电动汽车发展的基础保障，迎来了新的发展机遇。做好充电桩运营是最重要的任务之一。

## 1. 移动互联网时代的"充电服务+"

当前，市场上大部分的充电桩运营商是从充电"痛点"出发的，立足于用车场景，针对不同的汽车车主提供不同的充电解决方案。充电方式可以分以下为3种：

**一是家庭充电**。家庭充电是用充电桩在自家的停车位为汽车充电。安装时只需要通过物业许可和电力部门报装，安装门槛较低。

**二是应急充电。**

应急充电主要是针对电动汽车在行驶的过程中出现突发的"没电抛锚"情况。目前解决此类问题常见的方法是，拦截经过的电动汽车，请求车主为自己的汽车反向充电，或者打电话请求拖车、道路救援等。

**三是目的地充电**。目的地充电是目前国家比较倡导的充电方式，即使用公共充电桩为电动汽车充电。例如，有的车企建议采用换电的方式充电，有的车企建议建设超级充电站，但多数企业还是支持建设第三方公共充电网络，在企业合作中实现资源互补，实现利益最大化。

在上述3种充电方式中，家庭充电和应急充电的应用场景相对简单，目的地充电的应用场景需要更深入地研究。随着电动汽车增多，只要有电动汽车出入的场所就具备建设充电桩的条件。因此，很多商场和酒店也开始尝试建设充电站。当前社会商业区的综合服务越来越多，兴建充电桩能够吸引更多的客流，延长顾客的停留时间，从而增加巨大的商业价值。

自 2019 年下半年开始，郑州、广州、昆明、大连等城市开始对网约车的注册车型作出新规定，例如，新注册的网约车必须是电动汽车等。由此可见，网约车电动化大有普及之势。但因网约车有行驶时间长、目的地不确定等特殊性，如何续航成了众多车主比较担心的问题。目前，除去高负载、空调和电池损耗，电动汽车在满电状态下的续航里程约为 300 千米，对于网约车车主来说电动汽车目前的续航能力无法满足他们的需求。因此想要真正实现网约车电动化，各个城市的核心路段一定要建设充电基础设施。

近两年，为了满足电动汽车的充电需求，我国在努力推进充电基础设施建设，但由于时间尚短，充电桩与电动汽车仍存在比例失衡的问题，"充电难"仍旧是尚未解决的难题。随着充电产业不断发展，市场会淘汰一批盲目建设的充电桩，充电桩行业要想可持续发展，其运营商一定要组建专业团队，并高效运营，为车主提供优质服务，还要合理投建充电桩、科学选址，满足车主需求。

## 2. 充电桩运营的三大商业模式

智研咨询发布的《2019—2025 年中国充电桩行业市场深度调研及投资前景分析报告》显示，我国充电桩市场的规模预计在 2025 年将达到 1290 亿元，2025 年累计市场规模年均复合增长率（Compound Annual Growth Rate，CAGR）达到 48.8%，2020—2025 年新增市场规模 CAGR 达到 50.3%。

可见，充电行业的传统模式不再适用于发展速度如此之快的充电桩市场，唯有不断地更新迭代，适时变革才能推动充电桩产业发展，进而带动整个电动汽车产业的发展。

目前，我国投入充电桩设计与运营的企业已超过500家。其中，充电桩销售与建设等企业多采用重资产运营模式，为充电桩建设运营管理平台或为车主提供预约附近充电桩功能等企业采用轻资产运营模式。充电桩运营采用的商业模式有以下三类。

(1) 为B端客户提供解决方案

充电桩运营企业采用以为客户提供解决方案为主体的模式，主要为与B端客户相关的企业提供充电解决方案和综合服务。例如，深圳充电网科技有限公司的盈利来源主要是向充电设施生产厂商、汽车厂商和充电运营商等出售设备。这种模式以充电桩市场为切入口，有着覆盖面积大的优点，但投资较大，风险性较高。

(2) 通过降低运营成本、提供服务获利

以压缩成本为主体的传统经营模式多用于基础设施的运营，其盈利来源是收取充电服务费，方式单一。由于其收入稳定，初入充电行业的企业多选择这种模式。但为了降低运营成本和购电成本，企业人员需要具备较高的运营能力和议价能力，不仅要降低成本，更要保证客户的充电体验。

(3) 基于大数据衍生的增值服务

以充电为主，增值服务为辅的模式会收集大量数据，基于这些数据衍生更多的增值服务，其盈利依靠充电与增值服务的共同作用。

以前大部分企业认为运营充电桩无法实现短期盈利，想要盈利至少是两年后的事情。但随着资本进入，加上互联网时代发展迅速，充电桩的商业价值不再是单一的充电业务，还包括广告、金融、保险等一系列增值服务。

## 3. 充电桩行业的潜在盈利模式

充电桩作为智能电网、车联网的入口，拥有信息分享和传播、数据收集与分析等诸多功能，被誉为"数据分析师""数据采集者"。充电桩行业发展前景广阔，企业想要顺势而为就一定要更新商业模式。例如，借助政府优惠政策众筹充电桩，所得利润按比例分给各个合作者，降低投资成本。

运营充电桩的企业基于深度挖掘的数据搭建信息化运营平台，推动智能电网和电动汽车之间开展信息交互，实现多功能的"互联网＋充电"运营模式，提高运营效率。随着运营模式更迭，新技术涌入，充电桩还有诸多潜在的盈利模式，例如，"充电桩增值服务""充电 App 应用管理""与整车厂商的互利共赢"等模式。

**模式一：充电桩增值服务模式。** 未来，电动汽车发展的新模式是围绕充电桩建设及打造与其相匹配的休闲服务商圈，这种模式会被应用于大中型城市。目前，丹麦、德国等国已经开启了围绕汽车充电桩拓展美容、零售等服务。这些增值服务不仅会赢利，还会提高车主对充电桩的使用黏性和好感度。我国也有很多企业开始探究这一模式，例如，在肯德基、麦当劳等餐饮场所投放充电桩，星星充电与商铺、酒店合作建设充电桩，这让充电服务更贴近日常生活。

**模式二：充电 App 应用管理模式**。充电桩运营企业可以在充电设施的基础上，利用 App 应用的增值服务创建充电互联网商业圈。这个商业圈以充电网络 App 为切入点，聚集电动汽车分时租赁、电子商务、广告新闻、设施经营等服务，推动充电服务与商业地产相融合。例如，充电服务企业支持充电站经营者根据充电量、充电时间、充电流程进行自主定价，可以搭建智能"云服务"平台等，还可以为充电站经营者提供大数据分析，为其改善服务提供科学依据。

**模式三：与整车厂商的互利共赢模式**。这种服务模式最大限度地整合了资源，把整车厂商、充电桩经营者、设备制造商、金融机构和车主紧密地连接在一起，开发能够满足各方利益的产品与服务，渗透在产业链中的每一个环节，带动充电桩市场发展。

在国内，多家充电桩运营企业已经与整车厂商开展合作，通过搭建电动汽车电商平台为车主提供多元化的服务，例如，汽车金融、试驾体验、融资租赁等。在这种模式运营下，充电桩运营企业不仅可以优化充电桩建设，还会给车主带来更好的充电体验，整车厂商也能够促进销量，拓展市场，双方互惠互利，合作共赢，加速行业前进的脚步。

# 充电桩产业的运营之困与未来行动路径分析

## 1. 运营之困

近几年，国家政策大力扶持新能源汽车产业，其发展已经进入爆发阶段。

新能源汽车增长数量之快让人欣喜，但随之而来的问题是充电基础设施发展滞后。从理论出发，新能源汽车与充电桩的配比应该是1∶1或者1∶2，但目前我国的实际配比为8∶1。很多购车者即便知道购买新能源汽车优惠力度大但仍旧犹豫不决，总是在新能源汽车与传统能源汽车之间徘徊。因此，现阶段加快充电基础设施建设已经是迫在眉睫的事情，新能源汽车充电桩的运营困境可分为以下几个方面。

### （1）开发成本与投资成本过高

公共充电桩的选址大多集中在大中型城市的商业区、公路服务区等车流量大的中心地区，但目前城市的中心地区建设已经基本饱和，能够用来建设公共充电桩的土地少之又少，想要建设公共充电桩就要面临土地拆迁、产权归属等一系列问题，开发成本很高。

在我国，根据现行标准开展规模化建设，一个快速充电桩需要投资10万元左右。当前，公共充电基础设施建设主要依赖政府补贴。例如，北京市和廊坊市分别为公共充电桩给予总投资额30%和20%

的补助。目前，公共充电桩运营效率低，投资回报率低，严重影响了资金的回笼速度，这会让很多企业因为充电基础设施的投资成本过高，变得想投也不敢投，从而制约了企业的发展。

**（2）充电设施的运营效率低**

每辆电动汽车都需要完善的充电网络，配备充电桩、商业区快充站、交通干道的充电网点、社区快充站等。目前我国电动汽车的数量远远高于充电桩的数量，有些区域的充电桩非常紧张，车主充电极不方便；有些区域的充电桩闲置，导致资源严重浪费。

**（3）用电设施盈利能力弱**

充电服务市场目前有两类参与者：一类是参与度较高的电力服务企业、互联网企业、生产商与汽车厂商等，另一类是商业地产、整车企业、汽车租赁企业、停车场所、电力企业、金融机构等。公共充电服务企业需要进一步探索与这些机构的合作模式，才会更好地提升盈利能力。

**（4）基础设施配套能力亟待完善**

充电站建设需要多部门配合，例如，交通运输部、住房和城乡建设部、供电局、国土资源部门等。像北京、广州等一线城市，可利用的中心地区资源本就紧张，建设充电站又需要对变压器、电表、电线等电力设施增容，以保障电力要求，这会增大充电站所在区域的电力负荷。

一些偏远区县基础设施建设滞后，经济发展水平不高，无法满足充电网络建设需求。要想在这些地区建设充电站，就要同时做好附属基础设施建设,这从整体上增加了充电站建设的经济负担。

## 2. 未来行动路径分析

近些年充电桩市场发展迅速,很多充电桩企业为了抢占更多市场份额,投入了大量精力和资源开打"价格战",从而忽略了服务优化、客户体验、技术创新等能够决定企业是否可持续发展的关键事项。现在,影响充电桩发展的问题有很多,例如,立体停车库的充电桩安装难度颇大,在网络不稳定的地下停车库充电桩总会中断充电,以及运营平台或充电 App 有互联互通障碍等。

充电桩虽然是一个新兴产业,却也因经营成本高、盈利困难、行业竞争激烈等问题历经几次沉浮,一些充电桩企业倒闭,又有一些企业争先恐后地进入。一些大型车企和能源行业头部企业纷纷聚焦充电桩行业,其业务范围涵盖了充电桩安装、运营的整个产业链,虽然运营模式不断完善,但也在一定程度上出现垄断现象。

充电桩企业想要实现可持续发展,必须明确运营商、私人消费者、物业的用桩和建桩需求,清晰产品定位,选择与之相配的技术路径,持续技术创新。

### (1)车企合作

目前,我国有相对少量的充电桩来自汽车厂商。与充电桩运营企业不同,汽车厂商自建充电桩是为了完善汽车销售与售后服务。汽车厂商用过硬的服务质量吸引客户参与体验,促使客户下单购买,而不是为了盈利。车企合作通常是汽车厂商从充电桩运营企业采购充电桩，免费配送给购买新能源汽车的顾客，充电桩运营企业的利润因价格相对较低而变得较少。

**（2）租赁公司**

滴滴出行（小桔充电）是全国类网约车平台，现已开始涉足充电桩领域，满足社会车辆和滴滴平台上车辆的充电需求。目前，小桔充电和特来电、星星充电等多家运营商建立了合作关系，它们一起整合充电桩市场，通过桩联网增强用户黏性，提高充电桩的利用率。目前，充电桩市场还需要解决资本、商业模式、资源、管理、技术创新、品质服务等方面的问题。

**（3）资源整合**

物业公司、地方政府、运营公司等可以根据自身优势对各项资源加以整合，从政策引导、标准强化、责任归属等方面对充电桩产业链的各个环节资源进行有效整合，把控好充电桩安装、管理、运营等服务，引导技术创新，实现充电桩和增值服务相结合。

**（4）与运营商合作**

国家电网、南方电网每年都会面向全社会集中采购充电基础设施，它们的需求大、价格高、要求也极高，民营企业中标的概率极低。对于国家电网、南方电网来说，与运营商合作不是难事。云杉、普天、水木华城等运营商会根据市场需求的不同，投放不同种类、不同单位的充电桩。这种因充电站运营而利用率高、资金回笼快的充电桩运营模式是比较理想的模式。

## 正在全球化的充电桩产业链

充电桩就像加油站中的加油机,是电动汽车的能量"补给站",可以被固定在小区停车场、充电站等场所的地面或墙壁。其输出端借助充电插头输出电流,输入端直接接入交流电网,根据不同的电压等级为不同车型的电动汽车充电。

### 1. 充电桩上、中、下游产业链

溯源充电桩产业的上、中、下游全景产业链,其涉及主体很多,包括充电桩设备生产商、新能源汽车厂商、充电运营商等。

#### (1) 产业链上游

以充电桩市场为起点向上追溯,产业链上游包括直流充电桩、交流充电桩、交流—直流充电桩等各类不同的充电桩和零部件,还包括电机、芯片、接触器、充电模块、断路器等。由于充电桩的使用环境比较复杂,强光照射、严寒霜冻、风雨雷电、汽油接触等都会使充电桩产生安全隐患,所以对其安全标准非常严格。

#### (2) 产业链中游

在充电桩产业链的中游可以看到一些大型充电站的运营者,它们是充电桩服务的提供者。一些运营商承建了大型充电站,在小区、商厦、购物中心、学校等车流比较密集的场所设计充电桩,为各类电动汽车提供便捷的充电服务。

**第三,产业链下游**

在充电桩产业链的下游也会看到电动客车、电动轿车、电动货车等各种类型的电动汽车以及它们的生产商。电动汽车不断地推广应用,充电桩市场也随着电动汽车市场规模的扩大而扩大。

## 2. 全球化的充电桩产业布局

随着新能源汽车的飞速发展,充电桩市场需求持续走高。根据国际能源机构(International Energy Agency,IEA)预测,2030年全球电动汽车保有量将增至1.25亿台。充电桩作为电动汽车的外置"心脏",它的数量也将随之攀升。目前,从世界新能源汽车市场布局来看,充电桩应用最多的是德国、挪威、美国、法国、中国和日本。下面我们以中国、美国、日本、德国为例分析全球充电桩的发展现状。

**(1)中国**

中国政府对充电基础设施建设的政策较为全面,其中包含充电基础设施建设、充电设施运营等多个领域。由此助力,中国的充电桩产业基础逐渐夯实,发展速度较快。再加上不断注入的资本,中国的充电桩产业形成了国有、民营、混合所有制并存的产业格局,生机勃勃。

中国有两条充电桩产业链:一条是设备生产商,因为使用统一标准,所以技术门槛相对较低,企业之间的竞争主要集中在成本控制、设备稳定性、品牌口碑等方面；另一条则是充电运营商。在建设运营方面，中国充电桩产业的盈利渠道呈现出多元化的特点，具体包括以下三种：一是政府主导，由政府投资运营，推进力度强；二是企业主导，由企业投资运营，与电动汽车销售、生产搭配进行；三是混合模式，由政府提供政策或资金扶持，企业负责建设，二者相互作用，共同推进产业发展。

目前，有了政府的大力支持，加上相关组织、企业积极整合行业标准，城市与骨干高速公路结合的城际快充网络加速建设。中国的电动汽车车主可进入 iOS 的 App Store 及 Android 应用市场下载充电 App，通过充电 App 可以查看充电桩状态，享受导航服务，寻找最近的充电桩等。充电结束后，车主可以选择使用支付宝、微信扫码、银行卡等多种方式付费。

**（2）美国**

数据统计，美国电动汽车市场份额达 45%。美国政府一直致力于与科研机构、汽车厂商合作，开展相关充电项目研究，并投资了一系列电动汽车充电桩建设项目。如今美国电动汽车产业已基本进入商业化运营阶段。

在美国，如果你在驾驶电动汽车时突然发现汽车电量不足，只要打开充电 App 就能发现附近闲置的充电桩。如果你是在充电桩数量很多的加利福尼亚州、伊利诺伊州或纽约州，会更容易找到闲置充电桩。大多数的充电桩就像传统的加油站，被建设在室外，但也有一些可"一站式"完成停车、充电的充电桩分布在室内停车场。

在美国，只要安装电动汽车充电桩，无论你是企业还是个人都可以依法享受税收减免福利，因此美国私人充电桩数量占比较高。因为归属复杂，所以美国充电桩的运营模式具有商业化、私有化的特点，市场操作、品牌充电网络运营也呈多元化发展。

**（3）日本**

日本电动汽车充电桩市场是由政府支持和车企投资的。通过政府与车企的共同努力和相互促进，目前日本电动汽车充电桩的数量与传统汽车加油站的数量旗鼓相当。

日本政府进一步扩大充电桩的覆盖范围，提升人们对充电桩使用的信心，为电动汽车车主创建一个更加方便快捷的充电网。NCS 公司主导建设的充电桩已遍布东京市区及主要公路。因为日本私人住宅里很难建设充电桩，所以公共充电桩的利用率较高。另外，全家、罗森等便利店为了吸引客流，也在加快充电桩建设。电动汽车车主可随时通过充电 App 查找附近的充电桩，浏览充电站运营商和收费标准等具体信息，可以清晰地查看充电接口的图片，便于找到与自己车型相匹配的充电桩。至于充电付费，车主在购买电动汽车时通常会收到一张附赠的充电卡，这张卡由汽车制造商和 NCS 联合发行，如果车主没有领取该卡还可以自行到 NCS 官网申请。收到充电卡后，车主需要绑定自己的银行卡或信用卡，根据卡的类型，需要缴纳相应的月会费。另外，日本一些商场的停车楼设立了免费充电桩，其目的是鼓励市民购买电动汽车。

**（4）德国**

德国汽车工业协会不完全统计，德国大约有 1.3 万个充电桩，其中有 600 个支持快速充电。每隔半年，德国汽车工业协会会对私人充电桩和公共充电桩进行调查和统计。德国的 8 家充电运营商基本垄断了充电桩市场，所占市场份额达到 76%，而 Innogy、EnBW、EWALD 3 家公司所占市场份额相对最高，超过了 50%。德国政府为鼓励电动汽车发展，每隔半年会调整补贴政策，主要集中在大功率充电基础设施建设领域。

在德国，名为 Chargemap 的 App 是电动汽车车主在出行之前必须下载的，车主通过这款 App 能够快速查找到附近的充电桩，规划出行路线，随时预约充电，充电完成后可使用充电钥匙或者充值卡付费。

## 【新基建起航】核心企业与投资热点

### 1. 新能源汽车充电桩行业投资热点

中国汽车工程学会发布的《〈汽车产业中长期发展规划〉八项重点工程实施方案》表明，截至 2025 年，我国新能源汽车年产销量将达到 700 万辆，新能源汽车产销占整体汽车市场的 20%，动力电池系统比能量达到 350Wh/kg。《节能与新能源汽车产业发展规划

（2012—2020年)》报告明确提出，我国新能源汽车在2020年的生产量达到200万辆，随时配比的充电桩市场将会超过980亿元。依据2020年充电桩市场规模的测算方法，我们可预测在2025年充电桩市场将超过2400亿元。

在新基建政策扶持与保护下，充电桩连接成网具备了智能互联网的属性，不再是机械式、独立式的物理存在，它能够产生各种汽车及能源数据，同时为充电桩行业带来新的盈利模式。例如，企业通过智能充电网络，搜集大量电池、用户用车习惯等数据，这些数据在二手车评价、更换电池等活动和服务中起到至关重要的作用，衍生出巨大的充电桩服务市场。

## 2. 充电桩产业链核心企业分布

充电桩产业链涉及主体有充电运营商、充电桩整体方案解决商、充电桩零件设备提供商等，以全局眼光看充电桩产业链，其构成相对简单。

从整体来看，补贴退坡政策对新能源汽车充电桩的影响颇深。近年来充电桩也受到新能源汽车补贴退坡政策影响，新能源汽车的保有量和车桩比增长均处于停滞状态。但从长远角度看，在新基建加持下，充电桩行业本身有较强的政策规划与支持，其市场空间仍然可期。

# 第六章

# 数据中心：数字经济的科技"粮仓"

数据中心是新基建中的重要一环。在数字经济时代，数据中心是经济社会发展不可或缺的基础设施，只不过它更多的是以虚拟的形式呈现。近几年，随着我国物联网、车联网、工业互联网的应用，数据呈指数级增长，海量的数据最终将汇入总数据中心进行集中处理和保存，这对数据中心建设以及计算基础设施建设提出了更高的要求。

与美国数据中心服务全球市场不同，尽管我国已成为"全球第二大数字经济体"，但我国的数据中心主要服务于国内市场。目前，我国越来越多的企业已具备国际化的能力，开始了海外市场布局。而我国数据中心也借着新基建的东风，在为更多企业提供计算基础设施的同时，逐渐走向国际市场。

**数字新基建**
——重构数字经济的结构性力量

# 数字经济催生数据中心崛起

数据中心是全球协作的特定设备网络,被用在网络基础设施上传递、加速、展示、计算、存储数据信息。数据中心可以实现高端的数据传输与高速接入服务,也就是说它可以为用户提供综合全面的解决方案,在未来的发展中,数据中心也可以成为企业的竞争资产,商业模式也会随之改变。

数据中心根据服务对象可以划分为企业数据中心与互联网数据中心。企业数据中心是企业或者机构自建的数据中心,主要服务对象是企业、客户和合作伙伴。互联网数据中心由服务商建立并运营,拥有完善的应用服务平台、专业化的管理、先进的设备,客户可以根据互联网数据中心获取更多的数据信息服务,相对于企业数据中心,不仅规模更大,设备技术更为先进,同时服务对象也更为广泛。

## 1. 为什么数据中心被写入"新基建"

### (1)数字经济的底层基础设施建设需要

随着数据中心在全球的蓬勃发展和我国数字经济的快速发展,我们生活中的很多事情都被数字重新定义。每个人、每件事、每次活动、每次交易等都被数字标记。20年前数据的增长速度每天大约只有100GB,而现在已经达到每秒约5TB。无数据不计算,无数据不智能，无数据不管理，无数据不存储，数字应用的落地对信息基础设施提出了更多的要求，信息基础设施建设直接影响经济发展的速度与高度，发展信息基础设施势在必行。

**（2）传统产业数字化转型的必然趋势和路径**

全球经济的发展主线是数字经济，而数字经济发展的关键是催生新产业、新业态、新模式，释放经济活力，促进数字技术发展。想要做到产业数字化，不仅要具有对数据与信息进行存储、运输、处理等能力，还要对大数据平台、云化基础设施平台、数字化平台等需求的增长具有处理能力，构建全价值链的数字化生态。而这些都离不开信息基础设施做支撑，同时信息基础设施还需要不断发展以推动产业数字化。

**（3）国家提升未来竞争力的集中体现**

算力是新能源开发、生物基因、新材料、智能交通、高端设备仿真设计等各种领域科技创新的基础；同样，信息基础设施的发展、新技术应用场景的落地是催生新模式、重构产业生态的基础，新经济发展需要大数据、人工智能、云计算等新技术与实体经济融合。2020年的新冠疫情也带来很多新模式、新业态，例如，线上疫情防控、远程教育、线上培训、远程医疗等，这也体现出"云与数"的结合是创新的基础。拥有算力的企业就相当于拥有主导产业价值分配的权力。

## 2. 数据中心在我国及全球发展概况

### （1）数字经济与数据中心的规模化发展

新一代信息技术中的大数据、云计算、物联网、人工智能等都在飞速发展，建设数据中心也是大势所趋。多数国家和企业开启了数字化转型之路，在这一热潮的影响下，全球数据中心 IT 投资和中国数据中心 IT 投资呈增长趋势。

### （2）全球数据中心的主战场——亚太市场

根据全球数据中心建设发展规模，美国、日本、欧洲数据中心的投资规模占全球数据中心投资规模的 60% 以上。美国在数据中心技术、产品、标准等方面引领着全球数据中心的市场发展，保持着市场领导者的地位。亚太市场一直是全球数据中心市场的焦点，这主要是因为人工智能、"互联网+"、工业互联网建设加速，云计算、大数据、移动互联网、人工智能等应用深化。

互联网的快速发展带动世界计算量、数据量和数据化呈指数增长。根据赛迪顾问的数据，到 2030 年数据原生产业规模量占整体经济总量的 15%，中国数据总量将占全球数据量的 30%。越来越多的企业利用工业互联网、物联网、电商等结构或非结构化数据资源来提取有价值的信息。

## 3. 构建算力网络：实现全国一体化大数据中心的前提

我国数字经济蓬勃发展，随着各行业数字化转型升级进度加快，尤其是随着 5G 等新技术的应用普及，我国社会的数据总量爆发式增长，对于数据的存储、运行及应用的需求与日俱增，迫切需要构建数据中心、云计算、大数据一体化的新型算力网络体系，实现数据中心绿色高质量发展。

为加快推动数据中心绿色高质量发展，建设全国算力枢纽体系，国家发展和改革委员会联合有关部门共同制定了《全国一体化大数据中心协同创新体系算力枢纽实施方案》(以下简称《方案》)。《方案》指出，支持建设一体化数据中心，提升算力服务水平。

2022 年 2 月，国家发展和改革委员会、中央网络安全和信息化委员会办公室、工业和信息化部、国家能源局联合印发通知，要求在京津冀、长三角、粤港澳大湾区、成渝、内蒙古、贵州、甘肃、宁夏 8 个地区启动建设国家算力枢纽节点，同时规划了 10 个国家数据中心集群。这一举措被认为是全国一体化大数据中心体系的总体布局设计，由此"东数西算"工程正式全面启动。该工程是一项联系"西气东输""西电东送""南水北调"的跨区域重大国家工程，不难理解"东数西算"在加强数据中心和算力统筹规划等方面的政策意图。根据赛迪研究院发布的《中国"新基建"发展研究报告》显示：到 2025 年，全球数据中心将占全球能耗的最大份额。

这意味着一场关乎降低功耗的绿色战役也就此上演。在国家"双碳"战略目标下，构建绿色化的新型数据中心成为未来发展的必然之选。

今天的我们处在算力时代，上至星辰宇宙之奥秘，下入千行百业，算力无处不在，为未来场景化的创新注入了活力。而算力的价值所在并不只是算力本身，而是算力相关的基础设施。《方案》提出要加速算力网络和数据的高效流动的相互融合，以此推动算力的服务化趋势。同时加强云和数据中心之间、多云之间、云和网络之间的一体化资源协调与建设，进一步打通跨行业、跨地区、跨层级的算力资源，打造中国数字经济算力高地。

## "三驾马车"驱动数据产业转型

移动互联网的发展使数据与流量持续涌入数据中心。为了降低运营成本，挖掘数据的潜在价值，互联网企业、云服务供应商、电信运营商等企业在建设大数据中心时投入了大量的资源。

在新基建的浪潮下，大数据、5G、AI、云计算等业务都在快速发展，但是发展的前提是数据中心网络必须具有开放架构，并实现高效运作。因此，企业未来在数据中心的应用中需要具有可持续发展的技术，在满足新业务发展的同时提升自己的盈利能力。

## 第六章
数据中心：数字经济的科技"粮仓"

## 1. 我国数据中心的"三驾马车"

### （1）智慧化的能力：突破运维之困

数据中心规模庞大，类型多元化，设备数量多，对这些设备高效管理，降低运营成本，提高数据中心运营效率是数据中心服务商要突破的难题。而统一编排、三层解耦、专控分离等技术的应用提高了数据中心业务的逻辑复杂性，在这种情况下，数据中心如果出现故障，那么会使传统的人工维修模式变得更加复杂。

解决上述问题需要采用基于人工智能与网络遥测技术相结合的智能运维模式，该模式具有大数据分析、机器学习、自主遥测、网络引导等多种先进的功能，同时还会对一些潜在的网络安全问题进行监管，使数据中心服务商可以很好地适应需求的变化。

### （2）开放的架构设备：催生新产业链

近年来，多数企业倾向于白盒交换机研发领域，使软硬件趋于成熟，很多大型互联网公司的数据中心已经具备白盒交换机的大规模部署能力。与传统的交换机相比，白盒交换机采用的是可以带来很多便利的开放结构式数据中心。这种开放性白盒交换机可以支持软硬件解耦，需要专业的网络操作系统。目前，谷歌、亚马逊和脸书3家超大规模云服务提供商采购的白盒交换机，占据了市场总规模的三分之二以上。数据中心业务的持续发展，会使白盒交换机的需求大幅度提升，进而催生新产业链。

### (3)无损数据中心:提升网络效率

近几年,图像处理、语音交互等技术应用越来越广泛,这些技术可以使用户通过互联网访问数据中心、线上数据库等,让用户得到沉浸式体验,实现全息通信。这些技术应用必须利用网络进行传递和处理。为了避免数据丢失,缩短服务时延,我们可以通过打造无损数据中心网络来解决这一问题。

无损网络技术率先被应用到互联网、金融行业以提高网络性能。例如,银行引进无损网络技术后,提高了网络通信效率,使客户能够快速访问云端数据库。测试数据显示,最终存储集群每秒进行读写(I 10)操作的次数(Input/Output Operations Per Second,IOPS)是一个用于计算机存储设备、固态硬盘或存储区域网络性能测试的量测方式,可以被视为每秒的读写次数。云数据库性能提升了20%,单卷性能达到35万IOPS。未来,随着无损网络技术的应用越来越广泛,自动驾驶、远程医疗、移动教育、AR/VR游戏等都会走入我们的生活,进而催生越来越先进的无损网络技术。

## 2. 数据中心的未来新机遇

### (1)我国数据中心产业链

我国数据中心产业链包括上游基础设施和硬件设备商、中游运营服务及解决方案提供商以及下游应用端数据流量用户。数据中心产业链及运营主体见表6-1。

表6-1 数据中心产业链及运营主体

| 产业链 | 运营主体 | 具体内容 |
| --- | --- | --- |
| 上游 | 基础设施和硬件设备 | 数据中心产业链上游基础设施主要是土地建设与机房建设。土地建设主要采用楼宇租用方式，而在机房建设方面，其特殊性在于对温度控制有较高的要求。数据中心机房内存有大量IT设备，这些设备工作时会产生大量热能，如果不及时降温，将会损坏设备，从而造成重大损失，因此数据中心需要建立温度调控系统。机房硬件设备主要包括IT设备与电力设备。IT设备主要由服务器、网络设备、安全设备、存储设备及光模块构成，其中，服务器成本最高，其核心组件包括中央存储器（Central Processing Unit，CPU）、图形处理器（Graphics Processing Unit，GPU）与动态随机存取存储器（Dynamic Random Access Memory，DRAM） |
| 中游 | 运营服务商和第三方 | 数据中心运营服务商主要有基础电信运营商与云计算服务商，其中，基础电信运营商是指中国联通、中国电信与中国移动，它们资金雄厚、客户规模庞大，在数据中心建设方面投入海量资源。云计算服务商有阿里巴巴、腾讯、华为云、金山云等。第三方主要是一些技术服务商，可为客户提供数据中心托管及增值服务，往往有稳定的客户群体 |
| 下游 | 应用端 | 数据中心产业链下游应用端数据流量用户非常广泛，例如，云视频直播服务商、在线教育服务商、远程医疗服务商、AR/VR服务商等，主要服务广大用户。毋庸置疑的是，下游应用端的快速发展，会产生更多的数据中心建设需求，进而推动上游产业链的发展 |

### （2）数据中心产业的未来投资机遇

我国互联网产业的飞速发展，为数据中心服务市场打下了坚实的基础。如今各个行业开始进行数字化转型,加上云计算、大数据等新技术迅速崛起,数据中心需求大幅增长,直接给数据中心服务商、技术服务商等创造了增长空间。

无论是互联网企业还是传统企业,都希望自己拥有数据管理能力,大数据的价值越来越重要,迎来了数据中心产业的投资机遇。

① 在技术应用方面。计算的广泛应用带来相应的问题,数据中心设备能耗问题与降温问题就是需要解决的难点,因此智能化制冷、虚拟化技术、低功耗设计等都将成为数据中心的热点发展方向。

② 在行业需求方面。数据中心的高效节能、快速部署、灵活拓展等都是互联网企业所期待的。多数互联网企业会与云计算服务商、电信运营商等建立深度合作,这样不仅可以为用户提供更优质的服务,还可以加速自身品牌建设的落地。

## 数据中心的优势与实现路径

近几年,冷却技术、多核技术、刀片系统、虚拟化应用、智能管理软件等新技术不断出现,企业的业务模式也在不断改变,这些对于数据中心的管理来说,都是巨大的挑战。打造新一代数据中心是应对这种改变的优选路径。

### 1. 我国新一代数据中心的特征

新一代数据中心的七大特征如图 6-1 所示。

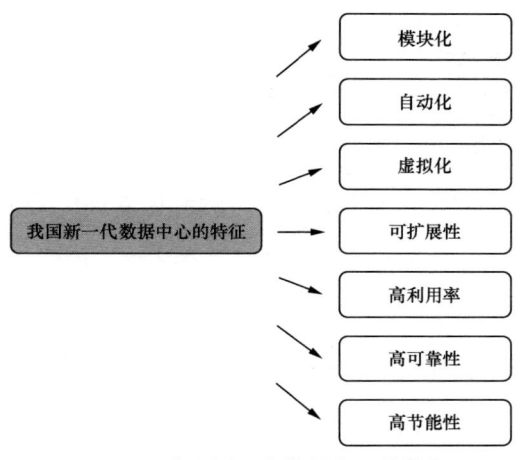

# 第六章
## 数据中心：数字经济的科技"粮仓"

```
                          ┌─────────┐
                        ↗ │  模块化  │
                          └─────────┘
                          ┌─────────┐
                        ↗ │  自动化  │
                          └─────────┘
                          ┌─────────┐
                        ↗ │  虚拟化  │
                          └─────────┘
   ┌──────────────────┐   ┌─────────┐
   │我国新一代数据中心的特征│ → │ 可扩展性 │
   └──────────────────┘   └─────────┘
                          ┌─────────┐
                        ↘ │ 高利用率 │
                          └─────────┘
                          ┌─────────┐
                        ↘ │ 高可靠性 │
                          └─────────┘
                          ┌─────────┐
                        ↘ │ 高节能性 │
                          └─────────┘
```

图6-1 我国新一代数据中心的特征

**（1）模块化**

新一代数据中心的服务器、存储设备、网络等系统在预设置阶段进行标准化与简化，可以提高IT基础设施的可拓展性与适应性。数据中心如果在内部采用标准的模块化系统，就可以降低环境复杂性，还可以提高成本控制能力。

**（2）自动化**

数据中心的自动化运营是采用远程、无人值守的管理模式，例如，设备的检测与维修，以及从服务器到存储系统，再到应用的端到端的基础设施自动化管理等。数据中心在实现自动化管理后，既可以降低人员成本，减少人为失误导致的运营故障，又可以对资源进行动态再分配。

数据中心采用自动化与虚拟技术相结合的模式，服务商利用互联网与浏览器就可以进行远程管理。例如，管理系统漏洞与补丁、

129

设备与系统的性能与瓶颈分析、测量和调整功率、部署服务器与操作系统、对数据中心进行远程控制与管理。

**（3）虚拟化**

虚拟化是区分传统数据中心与新一代数据中心的重要指标，也是新一代技术中应用最为广泛的技术之一。虚拟化技术与物理基础资源的整合可以降低成本，更加高效率地使用资源。数据中心服务商可以提供存储虚拟化、服务器虚拟化、应用虚拟化、网络虚拟化等解决方案。这也会给客户带来很多帮助，例如，客户打造了动态化IT基础设施环境来实现客户业务需求的快速响应，数据中心服务可以帮助客户减少投入成本来提高资源利用效率等。

**（4）可扩展性**

新一代数据中心服务商可以利用虚拟化技术将服务器、存储设备、网络等资源转化为虚拟共享资源池，再借助数据中心的应用系统将资源共享给用户。数据中心的集成虚拟化方案再采用资源所有权分立方式，实现硬件拥有者与应用者的逻辑分立。系统管理员借助软件工具得到服务共享资源。之后，应用系统再根据业务需求与服务，通过监控服务质量对虚拟资源进行配置、订购以及供应，进而使数据中心具备快速扩展能力。该功能可以根据业务的需求变化进行调整。

**（5）高利用率**

传统数据中心的资源利用率比较低，但是新一代数据中心利用虚拟化技术，可以对数据中心内的资源进行整合，进而提高资源利用效率。

### (6) 高可靠性

传统数据中心中存储了大量的数据,数据中心如果因故障而无法运行,就会对企业的业务造成一系列负面影响,甚至会让企业损失客户或者直接产生经济损失。新一代数据中心会对系统的各个部分进行双重或多重备份设计和容错设计,确保企业业务正常开展的同时,保障系统的安全性。为了满足更多需求,新一代数据中心建立了容错计算环境,保障信息的安全。

### (7) 高节能性

新一代数据中心可以对空间资源与能源进行充分利用,并为新一代数据中心服务商提供可持续发展的计算环境。

数据中心服务商将为新一代数据中心配备大量的节能服务器与节能存储设备,同时利用功率封顶、动态智能散热、热量智能、新型电源组件、液体冷却机柜等技术解决传统数据中心经常遇到的问题,最终实现无缝集成与管理。

## 2. 建设数据中心的行动路径

一个趋于完善的数据中心,需要来自全国各地的供应商的模块组成,其中包括数据存储设备、数据库平台、基础设施平台、主机设备、数据备份等。

### (1) 主要建设内容

数据中心是企业通信与IT信息系统[1]的"大脑",数据中心建设的

---

1 国际标准IEC60364区分了3类不同的接地系统,使用两个字母代号表示TN、TT和IT。IT信息系统是企业不可或缺的信息管理系统。

内容包括组织与运营、技术与系统、业务流程与 IT 流程、基础设施等。数据中心建设的主要内容见表 6-2。

表 6-2 数据中心建设的主要内容

| 建设要点 | 具体内容 |
| --- | --- |
| 数据中心机房建设 | 数据中心机房是数据中心的关键基础设施，建设机房时，企业要重点考虑场地、制冷系统、供电系统、消防系统、防雷接地系统等，确保为数据中心打造安全、可靠、干净的电力系统与环境 |
| 网络环境建设 | 网络环境建设既包括建设数据中心内部网络，又包括建设数据中心外部网络（将数据中心内部网络与外部网络连接），有了完善的网络环境，数据中心才能为用户提供各种业务服务 |
| 网络安全体系建设 | 网络安全体系建设主要涉及防火墙、入侵检测、安全网闸、漏洞扫描、安全网关、签名验证、信息安全综合监控与管理平台等内容 |
| 服务器系统建设 | 目前，主流的服务器设备有大型主机、小型机、工作台、普通服务器等，数据中心尤其是大型数据中心内往往存有大量服务器设备，例如，腾讯天津数据中心的服务器数量达到了10万台以上 |
| 数据库建设 | 有了数据库后，企业可以用数据中心存取、维护并利用数据，从而实现信息资源的开发与应用 |

（2）未来发展方向

① **数据融合与智能分析**。未来，数据中心会利用数据融合将不同区域、类型、系统及格式的数据进行统一存储、计算与分析，从众多数据中挖掘出重要信息，并通过智能分析为企业带来更高价值。

② **数据全生命周期处理**。数据中心还将为企业提供数据全生命周期处理服务，其中包括数据采集、计算、存储、应用、维护等多个环节。

③ **业务敏捷**。数据平台会根据实际业务需求进行自动部署，完

成高效发放业务。除此之外，数据中心会建立数据融合资源池，可以更加方便地获取数据资源。

④ **现网应用**。数据平台将会利用分布式大数据网关与结构化查询语言提高业务系统的数据处理分析能力。未来，企业核心竞争力的重要组成部分就是挖掘数据价值，即数据中心处理能力。因此，数据中心服务商也需要具备进一步挖掘数据潜在价值的能力。

## "云数据中心"落地方案

云计算逐渐从一种技术变为一种人人都可以购买的服务，最后成为公共资源。传统数据的升级就是云计算与数据中心的融合，推动其发展对数据中心具有重要的影响。那么云数据中心是什么？又有什么优势呢？

### 1. "云数据中心"的内涵

云数据中心是指利用一些虚拟化的IT技术，例如，应用虚拟化、数据中心虚拟化、网络虚拟化、存储虚拟化、服务器虚拟化等，打造一个虚拟化的、自动化的、标准化的、最优化的适应性基础环境与高可用性计算环境。

自动化、虚拟化、绿色节能是云数据中心的主要特征。其中，自动化是指云数据中心的虚拟服务器、业务流程、物理服务器、客服服务等都实现自动化管理；虚拟化是指云数据中心的应用、存储、网络及服务器等都实现虚拟化，并且用户可以调取相应资源；绿色节能是指云数据中心的建设、运营、设计都符合绿色节能的标准。

和传统数据中心相比，云数据中心在运营成本与效率等方面都具有优势，并实现了与 IT 系统的完美衔接。

(1) 在平台运行效率上的区别

云数据中心采用了更先进的技术与资源，其在运行效率方面明显高于传统互联网数据中心（Internet Data Center，IDC）。而硬件设备的管理与维护都是由服务商负责，这样用户就可以将精力集中在内部业务开发与创新方面，提高作业效率。

(2) 在资源集约化速度与规模上的区别

云数据中心最重要的特征就是利用资源集约化来动态调配资源，资源整合效率与规模明显高于传统 IDC。例如，云数据中心可以实现对多台不同数据中心的实体服务器资源进行高效整合与调配，且同时满足大量的个性化用户需求。传统 IDC 只可以将一台实体服务器共享给多台虚拟机，但这毕竟是有限的。

(3) 在服务类型上的区别

云数据中心采用的是"基础设施—业务基础平台—应用层"一体化的服务解决方案。云数据中心服务利用虚拟化的动态迁移技术提高了 IT 服务稳定性，这样可以避免系统故障导致的时延问题。而传统 IDC 服务采用托管与租用实体服务器的方法。托管实体服务器是指用户自行购买服务器设备并发送给机房，传统IDC服务商的工作就是IP接入、能源供应、宽带接入、网络维护，租用实体服务器就不需要购买，只需要付一定租金即可。

### （4）在资源分配时间上的区别

云数据中心仅用几十秒就可以完成资源再分配。而传统IDC需要几小时甚至几天才可以完成，在资源分配上浪费了大量的时间。

## 2. "云数据中心"建设的步骤

### 第一步，打造云数据中心的前提——虚拟化

打造云数据中心的前提是对关键IT资源虚拟化，而虚拟化技术是利用软硬件管理程序将物理资源映射为虚拟资源的技术。

云数据中心虚拟化的关键IT资源主要包括服务器、存储及网络。服务器虚拟化主要包括UNIX服务器虚拟化与x86服务器虚拟化。云数据中心需要同时调用不同厂商及类型的服务器资源，对服务器虚拟化后，可以有效解决不同服务器硬件的差别，使用户获得标准逻辑形式的计算资源。

存储虚拟化就是将物理存储虚拟化为逻辑存储单元，通过存储虚拟化，云数据中心可以将不同级别、品牌的存储设备资源整合到一个大型的逻辑存储空间内，然后对其划分，以便满足不同用户的个性化需求。

网络虚拟化就是网络本身、网络设备及网络安全设备的虚拟化。其中网络本身的虚拟化主要是光纤通道（Fibre Channel，FC）存储

网络与 IP 网络的虚拟化。网络设备及网络安全设备的虚拟化包括防火墙、交换机、路由器、负载均衡设备等。

网络虚拟化后，云数据中心可以在网络环境与多层应用环境中对非同组用户实现逻辑隔离，这既能提高数据安全性又能降低网络管理复杂性。测试数据显示，数据中心 IT 资源虚拟化之后，资源利用率由仅有的 10%～20% 提高到 50%～60%。

### 第二步，对资源进一步分类——资源池化

资源池化是指 IT 资源完成虚拟化后，会被标上特定的功能标签，再被分配到不同的资源组完成池化。它可以解决不同结构 IT 设备的规格与标准的差异问题，并对资源进行分类、分组，最终将资源用标准化的逻辑形式提供给客户。

云数据中心的资源池主要可以分为存储资源池、服务器资源池与网络资源池。存储资源池化过程中，需要注意的是存储容量、FC 存储网络需要的主机总线适配器（Host Bus Adapter，HBA）卡的端口数量、IP 网络所需的网卡端口数量是否与自身相匹配。网络资源池化过程中，需要注意的是进出口链路宽带、IP 网卡与端口数量、HBA 卡与端口数量、安全设备端口数量与宽带等是否与自身相匹配。

### 第三步，处理资源的有效工具——自动化

自动化是指 IT 资源具备按照预设程序进行处理的过程。IT 资源的虚拟化与池化都是能够让数据中心的计算机能力、存储空间、网络宽带与链路等变得动态化的基础设施，而自动化是指让数据中心

获得一套对基础设施进行自动化管理的有效工具。

## 3. "云数据中心"的管理与运营

通过云管理平台、云数据中心服务商可以发挥动态基础设施的优势，实现动态化的基础设施资源监控、流程自动化管理、安全管理、资产管理，以及基于信息技术基础架构库（Information Technology Infrastructure Library，ITIL）的运营管理等。

### （1）"云数据中心"平台的管理

云管理平台内集成了 ISDM、Center、CLM、VIS 等商业化产品以满足用户差异化的需求。目前的云管理平台如果为用户提供不同的服务，就需要多种云管理平台，这样会直接增加用户成本。而云数据中心就可以很好地解决该问题。例如，如果在云管理平台上开发动态监控模块后，云数据中心就可以及时发现问题并解决问题，并且尽可能在用户发现问题之前将其解决。借助云管理平台，云数据中心还能实现面向业务的 IT 运营管理。面向业务的 IT 运营管理见表 6-3。

表 6-3　面向业务的IT运营管理

| 面向业务的IT运营管理 | 具体内容 |
| --- | --- |
| 1 | 通过对业务数据进行分析，厘清业务服务的结构及相互关系 |
| 2 | 根据业务服务的依赖关系进行建模，从而获得服务模型 |
| 3 | 对数据中心关键运营指标进行量化，制订完善的考核指标系统 |

续表

| 面向业务的IT运营管理 | 具体内容 |
|---|---|
| 4 | 对服务模型与关键运营指标进行虚拟化,从而实现对服务状态的可视化管理 |
| 5 | 对事件进行集成,并实时更新业务状态,实现对业务服务与运营指标的实时追踪 |

(2)"云数据中心"平台的运营

云数据中心在云管理平台的支持下可以达到事半功倍的运营效果。云数据中心的运营主要包括对系统软件与数据、机房环境基础设施、管理工具、IT服务设计的设备等的运营管理。

传统数据中心是人工运营模式,很难做到对数据资源的统一管理。现在的云数据中心的运营以自动化运营为主,人工运营为辅的现代化运营模式。该模式运用了基于ITIL的管理框架,建立了符合PDCA循环,即 Plan(计划)—Do(执行)—Check(检查)—Act(处理)循环的管理系统,采用该模式的云数据中心的人员和服务器比率可达1∶1500,传统数据中心仅有1∶40。对于大型传统企业而言,云数据中心不但可以改善信息基础设施的运营管理,同时还提高了企业的信息化进程,帮助企业寻找一条环境污染少、资源利用率高的现代化工业之路。

# 第七章

# 人工智能：驱动产业转型，智能商业加速到来

新冠肺炎疫情防控时期，人工智能肩负着"左手支撑疫情防控，右手支撑复工复产"的重任，提高了防疫和生产的效率。社会对人工智能的需求不只是抗击疫情，人工智能在医疗、教育、交通、金融等领域都发挥着作用，势必会融入我们每个人生活的点点滴滴。

人工智能是新基建的关键领域之一，其目的是推动各行各业智能化升级转型。为此，我国将不断提升人工智能技术的实力，打造全方位的人工智能服务平台，为新基建添砖加瓦，赋能百业，共享 AI 未来。

# 人工智能改变未来

人工智能发展迅速，在智能语音和语义的辅助下，音响变成了能够与人互动的智能设备，密码也被指纹或人脸识别取代。过去，机器人与人相比的优势在于能够存储、处理大量数据，但这些数据是人为录入的，经过分析后产生的结论充满了局限性。而现在，机器人能够在人工智能的帮助下自己看，自己听，能够在海量的数据库中分析各个行业的日常动态，为社会经济发展带来更多的可能性。科技的发展推动着人类生产方式的变革，提升人类的运作效率和抗风险能力。

## 1. 人工智能时代已来

人工智能，英文全称为 Artificial Intelligence，缩写为 AI，是一门新兴的科学技术，主要内容是研究、开发用于模拟、延伸、拓展人的智能的理论、方法、应用和技术。

从宏观角度看，人工智能属于计算机科学范畴，它试图研发与人类智能相似的机器，研究内容包括机器人、语音识别、图像识别等。人工智能的发展经历了 3 个阶段。

- 第一个阶段是弱人工智能。
- 第二个阶段是强人工智能，与人类智能相当。
- 第三个阶段是超人工智能，超过人类智能。

## 第七章
人工智能：驱动产业转型，智能商业加速到来

目前，人工智能发展处在第一阶段，包括手机语音助手、搜索引擎、实时在线地图等的弱人工智能已经渗透到人们生活的方方面面。而它在短时间内无法发展到在感情、认知、行为等方面都超过人类的强人工智能，超人工智能更是只存在于影视作品或科幻小说中。

**对于人工智能来说核心的三要素是运算能力、数据量和算法模型**。要想实现人工智能应用，首先要赋予机器一定的推理能力，它才能做出合理的语言识别、图像识别等行为。这种推理不是凭空想象的而是基于对大量应用场景数据的分析，对算法模型进行训练。机器在算法指导下作出类似于人类的行为、判断和决策。一直以来，人工智能的核心要素影响着整个人工智能行业的发展，行业内部都在完善自身的方法与理论，寻求外部动力，实现螺旋式上升发展。在未来，运算力提升，数据量上涨，算法模型更加深入，这些都会促进人工智能的发展。

**（1）数据**

人工智能的基础是应用场景中海量的数据，高质量、大规模的数据是做好算法训练模型的关键，数据将成为人类智能发展的助推剂。随着互联网与物联网的飞速发展，智能终端逐渐普及并呈多元化趋势发展，人工智能训练数据的质量得以大幅度提升。作为人工智能源泉的数据，将推动机器学习技术进一步发展，在智能服务应用中发挥巨大的潜力。

**（2）算力**

有限的运算能力是制约人工智能发展的最大因素。计算机的出现提高了机器的运算处理能力，促进了人工智能的发展。云计算、GPU等人工智能专用芯片的出现，从软硬件层面上为人工智能的高性能运转奠定了基础，数据处理的速度和能力大幅度提高，提升了算法的识别准确率和效率。

**（3）算法**

算法是人工智能发展的核心，在人工智能发展的过程中有两个非常重要的转折点：一是研究方法为人工智能发展提供了新出路，即从符号主义转向了统计模型；二是深度学习颠覆了其他算法的设计思路，突破了算法瓶颈。

深度学习是指深度网络学习，由一组单元组成。数据被输入到某一单元之后，该单元通过数据分析得出结果并向下游神经元输出。深度网络学习有很多层次，每一层都要使用大量的单元来识别数据中的隐藏模式。深度学习可以帮助程序员从烦琐的模型搭建程序中解脱出来，并且能够在海量数据库中实现自我学习、自动调整与优化规则参数，大大提高识别的准确率。

## 2. 人工智能应用的四次浪潮

人工智能应用的四次浪潮分别是互联网智能化、商业智能化、实体世界智能化和自主智能化。

## 第七章
人工智能：驱动产业转型，智能商业加速到来

**（1）互联网智能化**

例如，淘宝会推荐你喜欢的商品，抖音会推荐你喜欢的视频，百度会根据你的搜索习惯推荐新闻内容等。互联网智能化的基本原理是给数据标注标签，训练算法。我国拥有非常强大的基础数据库，可以促进算法的分析能力更加精准。

**（2）商业智能化**

商业智能化与面向企业市场的服务软件、云服务相关，例如，高盛集团已开始采用人工智能自动化算法取代交易员。中国在这一领域的发展优势并不明显，中国软件服务公司与IBM、SAP等大公司还存在一些差距。但百度云、阿里云等优秀的公司也有很多不错的算法。

**（3）实体世界智能化**

目前，我们已经从电子商务迈向了一个O2O的时代，下一个时代则是创新工场创始人李开复提出的OMO时代。OMO商业模式（Online-Merge-Offline）是一种行业平台型商业模式。OMO时代将数字世界和现实世界连接起来，缩小了二者之间的差距。

**（4）自主智能化**

自主智能化是人工智能应用发展的顶峰，例如，汽车的自动驾驶技术。当然，自主智能化的发展潜力不仅仅体现在自动驾驶汽车上，也会渗透到餐饮、消防、医疗等行业，机器能够自主地感知人们身边的世界。

## 传统产业的智能化转型

以 AI 技术为主的科技浪潮正在深入各行各业。每个传统行业都面临同样的挑战和机遇,如何让人工智能技术与行业应用紧密贴合,推动行业发展,是所有行业都必须思考的问题。

### 1. 人工智能+交通

人工智能较早被应用到了交通运输领域,但也存在很多被社会质疑的地方。尤其是美国发生无人驾驶汽车肇事事故后,关于是否将尚未成熟的人工智能技术应用到交通运输行业的质疑声越来越多。业内人士预测,如果无人驾驶汽车的系统能够通过道路安全测试,无人驾驶汽车时代将会到来,不仅在汽车领域,飞机、船舶等相关领域也会充分应用人工智能技术。

私人汽车在 2001 年已经开始使用 GPS 定位系统,随后 GPS 迅速在交通运输行业被大范围使用。在未来,智能汽车还会装配安全感应器、温度传感器等。21 世纪以来,自动驾驶技术发展迅速,未来在航空领域也会有所应用。但由于道路行驶情况复杂多变,所以汽车的自动驾驶想要实现还是颇有难度的。

百度和谷歌在无人驾驶领域都走在时代前沿,这两家公司研发的自动驾驶汽车技术因安全性能好在国际上拥有很高的关注度。在未来,无人驾驶技术与传感器、深度学习相融合,会加快无人驾驶的商业化进程。无人驾驶技术如果能够得到普及，就会解决很多因交通事故引发的安全问题，能够把人从高度集中的精神状态中解放出来，停车也更为快速便捷。

美国的密歇根州、佛罗里达州及加利福尼亚州等都出台了与无人驾驶汽车相关的法律条文。加拿大、英国等国家也出台了相关的法律条文，但对于无人驾驶引发交通事故后的责任判定还没有明确的法律条文。美国一直以来都很重视交通基础设施建设，交通运输部更是积极引导各个城市制订交通基础设施方案，让车、物、人等资源高效且低成本地开展活动。

与西方国家相比，我国发展无人驾驶技术的时间较晚，国内交通路况复杂，为无人驾驶汽车的发展增加了难度。但我国人口基数庞大，市场潜力无限，无人驾驶蕴含巨大的商业价值。麦肯锡咨询公司曾推测，中国将在未来成为世界最大的无人驾驶汽车市场。如今，我国建立了一系列的标准，为发展智能联网汽车无人驾驶技术助力，使其发展趋势稳步前进。

## 2. 人工智能+物流

我国国民经济能够持续稳定增长离不开人工智能技术的助力，尤其是物流系统等基础设施建设，大大增进了大数据、人工智能与物联网的联系，为实现科技强国作出巨大的贡献。为提高物流行业的发展水平，智慧物流顺势而生，这是人工智能在物流领域的落地应用。

物流服务商与物联网企业都在积极筹备智慧物流落地,例如,菜鸟物流研发了机器人小G,用其拥有的智能感知与动态识别技术解决最后一千米配送问题;京东积极研发让存储环节提质增效的无人仓储技术等。人工智能对物流行业的影响是全面的,不会局限在某个区域,反而能创造更多的社会经济效益。

自动避障、动态识别、智能机器人、计算机视觉等人工智能技术为传统物流注入了新鲜的血液。下面从仓库选址、智能仓储、高效作业、高效配送4个方面详细讲述人工智能技术对物流行业的影响。

**(1)解决仓库选址难题**

传统仓库选址的方法需要海量的地理与地图数据,以及地理信息系统相关软件和地理模型等工具。由于地理数据质量差、处理难度大、获取成本高等,所以仓库选址往往会遇到诸多困难,难以推进。

人工智能技术的发展与应用为仓库选址提供了新思路。人工智能技术能够帮助企业汇总运输量、物流成本、地理位置等诸多数据,从而进行大数据合并与分析,快速呈现合理的仓库选址模型,随着相关数据不断积累,选址模型逐渐优化,选址结果会更加精准和客观。

**(2)打造智能仓储管理系统**

传统仓储管理系统大多依赖于人工,这就要求管理人员要有极其丰富的仓储管理经验,并且抗压能力强。管理人员必须能够优化商品存放库位,提高存储量以减少搬运作业,满足客户需求,合理安排出入库时间。

应用人工智能技术的仓储管理系统会及时分析库存数据和订单信息,快速调整动态信息,有效避免库存积压,提高存储周转率。因此,越来越多的企业都在致力于实现库位联网化,通过大数据、云计算、实时定位等技术,打造能够及时处理订单、提高服务的智能仓储管理系统。

(3)从效率与质量两方面为仓储作业提供保障

智能仓储中同时存在多种机器人设备,它们分别负责搬运、分拣、码垛、出入库等,通过它们的高效合作大大提高了仓储作业的效率和质量。以苏宁仓库为例,其中配备了200台仓库机器人,它们在1000平方米的仓库中载运着万余个移动货架,进行商品分拣。智能机器人的分拣工作缓解了工人的压力,并且能够提高准确率,效率更是人工分拣的3倍以上。

(4)提高配送效率,降低配送成本

提高配送效率,降低配送成本需要科学合理的运输线路。传统运输中多因线路规划不合理、交通堵塞等问题影响配送效率。人工智能技术可以帮助规划运输线路,综合考虑运输量、天气、运输路况、能耗等多种因素,为车辆设计最为合理的运输线路,并且能在遇到突发状况时及时优化调整运输线路。与普通物流车厢相比,智能物流车厢安装了自动装运系统，货架和后车门都是一体化设计，在装货时搬运机器人会整体取下货架，装完货物后再搬运回车上，提高装货效率。

智慧物流虽然发展迅速，但也有不完善之处，主要体现在以下两个方面。第一，物流信息化隔离。尽管部分物流企业建立了智能物流系统，但与其合作的供应商之间缺乏相匹配的系统软件，存在物流"信息孤岛"问题，反而会增加企业物流成本。第二，物流基础数据不完善。智能物流发展的核心资源就是数据，但很多企业因为资源缺乏、知识水平不足等因素没有足够的数据作为支撑，所以很难建立智能物流系统。

### 3. 人工智能+金融

人工智能＋金融是指以计算机视觉、自然语言、机器学习等核心技术为驱动力，赋能金融行业各个主体、业务环节，实现金融服务的智能化、个性化、定制化。

金融行业的商业变革和技术升级都离不开科技赋能与理念创新。根据金融行业在变革过程中的商业要素与代表技术的变化，将其发展划为3个阶段，分别是 IT＋金融阶段、互联网＋金融阶段和人工智能＋金融阶段。

传统金融机构忽略系统和流程建设，没有建立风险预警系统，在风险管理方面问题颇多。同时，中国人民银行实施宏观审慎评估体系，监管日渐严格，金融机构需要改变运营思路，利用人工智能等新技术提高自身抵御风险的管控能力。

**（1）人工智能+金融的技术应用**

在人工智能+金融行业，人工智能与云计算、区块链、大数据紧密关联。云计算提升了大数据的运算存储能力，区块链可以解决技术应用带来的数据泄露、篡改等安全问题，大数据可以为算法优化、机器学习提供技术支持。人工智能技术将与其他技术一起推动金融行业的发展。

目前，人工智能+金融涉及的技术主要有4项，分别是机器学习、自然语言处理、知识图谱、计算机视觉。其中，机器学习是核心技术。自然语言处理通过对字词句、短篇章文字的分析，提高客服工作效率。知识图谱利用知识融合、知识抽取、知识推理等技术实现智能化应用基础知识资源。计算机视觉使得身份验证、移动支付得以广泛应用。

**（2）人工智能颠覆金融业原有商业模式**

随着国内市场的成熟，人工智能发展迅速，金融业吸引了大量资本注入。这些融资事件的融资轮次主要集中在天使轮与A轮，表示在发展早期，表现优秀的企业更容易获得投资机会。从科技企业类型来看，伴随政府部门监管力度持续增加，公众理财方式更加多样化，获得投资占比最高的领域是智能风控和智能投顾，智能投研和智能营销紧随其后，而市场格局相对比较成熟的智能支付获得投资轮次较少。

### (3) 人工智能+金融的投融资概况

现阶段，传统金融业正在积极利用自身资源，开发新的金融模式，或者与其他科技公司合作创建新的金融服务，让更多的金融企业享受科技赋能带来的红利。金融机构凭借稳定的客户渠道、持续的创新活动、开放的技术平台与互联网科技公司所研发的技术相结合，开辟了全新的商业价值链，既提高了客户的使用率和其对服务的满意度，也颠覆了原有的商业模式，让资源共享成为可能。

## 4. 人工智能+营销

虽然人工智能蕴含着巨大的商业价值，但只有让这些价值在行业应用中落地才能凸显出它的意义。在营销领域，智能营销已被人津津乐道，那么人工智能如何赋能营销才能降低营销成本，提高营销效率呢？

### (1) 人工智能改变营销，信息精准匹配

在传统营销时代，人们总会纠结于"如何发布广告信息"，在智能营销时代，用户会收到与自己需求相匹配的信息。这在无形中就要求营销人员不仅要了解自己的产品，更要关注用户的需求，精细化掌握产品特征。人工智能的引入，让营销人员更好地将产品特征与用户需求精准匹配。例如，搜狗利用人工智能技术建立了无线自动化匹配体系，能够更好地掌握用户在不同场景下的需求。

### （2）将人、信息、商品、服务精准对接

2016年9月28日，谷歌、苹果、IBM、Facebook和微软5家科技企业达成合作协议，共同成立AI合作组织，这个非营利组织通过资源共享推动行业发展。

2017年10月17日，"京搜计划"出炉，这是京东和搜狗联合推出的人工智能赋能营销的成功案例。如今，消费群体逐渐多元化，电商平台要想有更多的新客户，就必须要构建精细化的运营团队，精准把握不同消费群体的要求，有针对性地推进商品。

## 人工智能+：新一轮产业变革的核心力量

三次工业革命表明，不管是机械技术、电力技术还是信息技术，其特点都是能够极大地促进生产标准化、自动化、模块化、通用化。人工智能也有类似特征，也是新一轮产业变革的核心驱动力量，将大力推动数万亿元数字经济产业转型升级，应用潜力巨大。国务院印发的《新一代人工智能发展规划》指出，2025年中国人工智能核心产业的规模将超过4000亿元，带动相关产业发展规模将超过5万亿元。

人工智能发展对国家安全和经济增长都至关重要。华为、阿里巴巴等公司的技术基础、海量数据和应用场景，在新基建大政策下，为国家发展注入了新的增长动力，有望成为新基建人工智

能的领军力量。国家综合国力竞争的核心是科技实力，抓住智能时代变革带来的机遇，是中国成为现代化强国的关键。

## 1. 人工智能新时代

### （1）数字经济时代的"发动机"

每次科技革命都伴随着相关技术的发展，技术在实际应用中加以改进，形成良性循环，对社会影响深远。人工智能作为第四次科技革命的核心技术，正在慢慢改变着交通、娱乐、医疗、制造等主要行业，让无数人的生活更加充实丰富。

### （2）从"+人工智能"到"人工智能+"

目前，人工智能已经应用到多个领域，较为成熟的领域有金融、交通、医疗等。通过各领域结合，人工智能技术通过两个方面对产业赋能，一是"+人工智能"，这能够提高生产效率、降本增效；二是"人工智能+"，这能创造新的增长点和需求点。

①+人工智能。2020年年初，人工智能在新冠肺炎疫情防控的过程中发挥了巨大的作用。以数据为支撑，人工智能能够覆盖疫情监控、病毒检测、体温检测、复产复工等方面，帮助实时追踪动态和疫情研判。

例如，计算机视觉技术的使用，一方面满足了机场、高铁等公共区域的体温检测需要，另一方面满足对疑似病例和家属身份的排查需要，提高了疫情排查效率。在线问诊和病毒检测缓解了医疗服务的压力。远程办公和线上教学等智能服务助力企业复工复产，保障学生的健康和正常学习。

② 人工智能+。创造新经济增长点、新商业模式和新需求。以智能网联汽车为例，人工智能可以提升汽车包括智能语音、智能座舱、自动驾驶等方面的智能化，人工智能与5G结合，可以深入分析驾驶人员的用车习惯、城市道路的规划等，实现汽车信息网联化。

## 2. 人工智能的全球化发展

目前，美国、欧盟、日本、中国、俄罗斯、韩国、印度、丹麦等近30个国家和地区发布了与人工智能相关的政策和战略规划，它们都很认同人工智能对未来各个行业发展的重要性，并在大力推进人工智能的发展。由于每个国家与地区的综合国力、人才储备、基础设施建设等实力不等，其发展人工智能的侧重点也各有不同。

（1）美国

人工智能是美国发展版图的核心区域，美国政府出台了相应的政策积极支持人工智能研究。美国在2019年陆续颁布了《维护美国在人工智能领域领导地位》《国家人工智能研发战略计划》《美国人工智能时代：行动蓝图》3部重要的国家政策，表明了美国政府对人工智能的高度重视。

（2）欧盟

欧盟的关注重点是人工智能在工业、医疗、能源、制造业等领域发挥的创造力和智能升级。欧盟和美国相似，也是较早开始进行人工智能研发的，并且通过政策扶持、国家计划、建立科研实验室等方式支持人工智能技术的发展。不同于美国强调的全方位领先，欧盟利用自身的优势加强产业化升级。

**（3）日本**

日本严重的老龄化问题，对日本经济增长、社会发展产生了很多负面影响。人工智能在日本着重应用在医疗、汽车等领域。日本围绕"基础研究—应用研究—产业化"3个方面不断推出相关政策，其中日本经产省建立的人工智能研究中心（Artifical Intelligence Research Center，AIRC）促进"产、学、研"合作，承担成果转化和推广。

**（4）中国**

中国人工智能重视制造业与服务业相融合，分3个阶段逐步推进。自2015年起，我国人工智能从制造时期进入"互联网+"时期，再向"智能+"国家战略时期演变，政策重心逐渐从技术到实际场景应用，从指定行业到跨界融合，从单项技术到人机协同。与美国和欧盟的相似之处是，我国也注重建立试点项目，包括政策实验、社会实验和技术示范试点。

人工智能技术对人类社会的影响是全面的，未来会少有垄断公司，而会有越来越多的宽领域多公司。传统企业是建立在一直以来对垂直行业深入渗透的基础上，对行业、用户有着深入的了解，拥有生态系统中的关键资源。人工智能对于传统行业的重组则是凭借各自的优势合作创新。当然，每次合作都有博弈与磨合，双方最终会在生态系统中找到平衡点，找准中心位置，实现新技术对传统行业的重构。

## 人工智能商业化：AI+未来

有人会问："人工智能是否会替代所有岗位？"

从目前的发展趋势来看，算数、象棋、围棋、背诵等已经被人工智能攻克，投资、翻译、驾驶也将面临被人工智能替代，那科学界、文艺界会不会也被人工智能取代呢？其实不会。

我们既要大力推动人工智能技术的发展与应用，又要有危机意识对其进行正确的约束，确保人工智能技术安全可控性强。例如，将《个人信息保护法》《数字安全法》等相关法律与人工智能密切结合。同时加速制定人工智能方面的法律法规，努力为人工智能的发展提供强有力的法律保障。

人工智能技术发展到现在，要走下去的必要条件就是要做到开放。只有把海量数据和超强算力与过硬的技术汇总到一起，才能展现出强大的力量。这个赛道比较宽广，竞争压力巨大，要创造更大的价值，找到更多的创新点，才能更好地造福人类社会。

## 1. 人工智能在企业中的应用

近年来，越来越多的传统行业正在积极地地革新自己传统的管理观念。例如国家电网调整组织架构，改变单一的售电模式，实现服务与其他业务协同运营。在人工智能的大发展下，企业正在努力打造智能客服中心，实现人机融合，提升服务效率。

在今后的发展中，企业会更加重视用户的体验。近年来，伴随着企业互联网意识的提高，农业、物流、电商、金融等行业应用人工智能频率较高。人工智能企业在敦促传统企业智能化升级时，要深挖行业需求，精准全面把握个人用户需求，以此为据研发新产品的设计与生产。

目前，人工智能在我国各领域的应用比较多，例如，人脸识别、指纹识别、虹膜识别、视网膜识别、专家系统、智能搜索和博弈等。重点发展领域包括机器人领域：人工智能机器人能理解并运用人的语言进行对话；图像识别领域：通过人工智能识别图像并进行解析处理，可实现车牌号识别、人脸识别等；语言识别领域：主要表现为把语言和声音转换成可处理的信息，实现语音邮件、语音开锁等。可见，人工智能除了赋能各行各业，其中很多都与我们的生活息息相关，给人们提供了很多便利。

新时代的大门已然被互联网和大数据合力打开，人工智能和虚拟与现实技术的应用改变了原有的消费市场，激发了新兴产业的崛起和传统产业的转型，并且催生了平台经济。相信在未来，为了满足人类个性化的需求，人工智能将更有针对性地改变传统制造模式。

## 2. 崭新的人工智能元宇宙世界

2021年12月5日，中国元宇宙峰会2021（以下简称"元宇宙峰会"）通过在线视频会议的形式召开。

在峰会上，AI元宇宙"红洞数藏"数字藏品平台、"无极宇宙"内测版进行了首发上线仪式。其中，"无极宇宙"是科技与艺术相互融合的人工智能元宇宙，它致力于打造一智能、有趣的虚拟世界。在"无极宇宙"中，每个用户都有一个自己的虚拟形象和数字资产。而红洞数字藏品平台则致力于打造全国甚至世界一流的数字资产基础设施，赋能我国数字化发展。该平台已与多个游戏电竞、艺术院校、版权经纪方等各类优质内容提供者达成合作，预计在未来发行数字资产数量超数十万个。

"无极宇宙"和"红洞数藏"的发布，让一个多角度、多维度、多元化的元宇宙世界之门正徐徐打开，也让元宇宙未来的轮廓更加清晰。

其实，在此之前，2021年11月24日，央视新闻就联合百度智能云打造了首位AI手语主播，无论是央视的AI虚拟孪生主持人"小小撒"，还是湖南卫视的"小漾"等虚拟人，就已率先悄然地打开了元宇宙的布局。

2022年2月,北京冬奥会和冬残奥会成功举办,中央电视台这位特殊的主播将通过在线翻译、语音识别等AI技术,打造精确的手语翻译引擎及动作引擎,实现一系列动作的转换,为听障人士提供专业的赛事解说。

总之,通过AI技术,虚拟人将不再是简单的交互设定,而是被赋予更接近人类的智慧和人格,在与人们沟通交流互动中不断优化、成长。而技术的发展更需要底层算力的支撑,未来想要实现元宇宙经济的大规模发展,底层数据的存储与计算、服务器的算法等基础设施都将承担更加重要的角色和使命,唯有夯实基础底座,未来才能以AI技术驱动创新,真正拥抱元宇宙的世界!

## 【新基建起航】核心企业与投资热点

### 1. 人工智能产业投资规模预测

2019年8月,科学技术部制定并发布了《国家新一代人工智能创新发展试验区建设工作指引》,该报告指出:到2023年,我国将打造一批人工智能创新高地,在全国范围内全面布局建设20个左右试验区。由此估算,我国人工智能在未来3年内的投资规模将超过1500亿元,并带动相关产业规模超过1万亿元。

## 2. 产业链各个链条核心企业分布

（1）产业链上游

产业链上游是人工智能产业的基础层面。这一层面主要是研发硬件及软件，例如，数据资源、云计算平台、AI芯片等，为人工智能提供在数据和算力两大方面的支撑。从整体来看，阿里巴巴、百度、腾讯以及华为在人工智能基础层面有着广泛的布局。其中，在芯片领域主要以华为、全志为代表企业；以阿里巴巴、百度、腾讯为代表的企业在云计算、系统计算等业务中均有布局；数据采集则主要有华为、百度以及腾讯等企业；5G通信方面的主要企业是华为。

（2）产业链中游

产业链中游是人工智能产业的应用层面，我国人工智能技术平台主要聚焦于语音识别、语言技术处理领域及计算机视觉领域，其中的代表企业包括捷通华声（灵云）、科大讯飞、旷视科技、地平线、格灵深瞳、商汤科技、永洪科技、云知声等。

百度、阿里巴巴、腾讯和科大讯飞成为我国首批新一代人工智能开放创新平台。其中，百度、阿里巴巴、腾讯在人工智能产业链的布局较为全面，属于人工智能产业的综合型、实力派选手，在人工智能技术层占有较大的市场份额。

（3）产业链下游

产业链下游是人工智能产业技术层的核心——以模拟人的智能

相关特征为基础,构建技术路径。主要包括人工智能技术(计算机视觉、机器视觉、智能语音、自然语言理解)、开发平台(基础开源框架、技术开放平台)、算法理论(机器学习)和应用技术。从整体来看,中国平安、腾讯在人工智能技术层有着广泛的布局。更多的后来企业在未来可背靠这些人工智能技术开发平台快速搭建自身的产品。

# 第八章

# 工业互联网：赋能传统行业转型

工业互联网正在全力推动制造企业在生产方式、组织形式、创新模式和商业范围的变革，重塑再造了工业链、产业链和价值链。在不远的未来，工业互联网势必会引起人类历史上深层次、革命性、全方位的变革，对社会生产力乃至整个人类发展产生深远的影响。作为制造业与互联网深度结合的产物，工业互联网是新工业革命最重要的基石。工业互联网从生产端入手，扩大有效的中高端供给，增强供给侧结构性改革，适应需求的变化，解决制造中的问题，推动我国经济发展更具有时效性、公平性。那么，到底什么是工业互联网？中国制造业为何因此会发生改变呢？中国在世界工业格局中地位如何？

数字新基建
——重构数字经济的结构性力量

# 重塑未来经济的新基石

当前,以数字技术为驱动的工业互联网浪潮正在重塑经济社会的各个领域,云计算、大数据、人工智能、移动互联、物联网等技术与各个产业深度融合,推动着产品形态、商业模式、生产方式的深刻变革。工业互联网是构筑了第四次工业革命的发展基石,也是中国实现数字化转型的关键一环。

工业互联网体系架构2.0主要包括三大板块:业务视图、功能架构、实施框架,形成了以商业目标和业务需求为牵引,自上向下层层细化和深入的明确系统的设计思路。工业互联网体系架构2.0如图8-1所示。

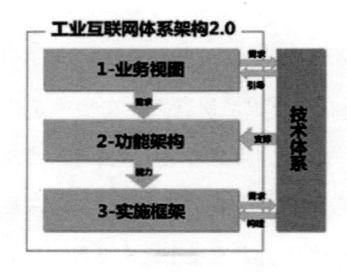

图8-1 工业互联网体系架构2.0

其中,业务视图板块明确了企业在应用工业互联网实现数字化转型的方向、目标、业务场景及相应的数字化能力以及通过数字化提升竞争力的愿景、路径和举措,是企业提升数字化能力的重要指引;功能架构板块明确了企业实现各项业务所需的基本原理、关键要素和核心功能；实施框架板块则描述了各项功能在企业落地实施的层级结构、软硬件系统和部署方式与未来发展趋势，为企业实现工业互联网的具体落地提供了可参考的建设方案。

工业互联网是新一代信息技术与工业融合产生的新技术、新模式，加快了国家向制造强国与网络强国迈进的步伐，对我国经济社会发展有重大的价值和意义。

## 1. 我国未来经济发展的基石

工业互联网的发展大力推动了网络信息技术在生产制造、运行、服务、流通等环节的落地应用，通过调配信息流，使人才、资金、技术、物资高效流动，优化资源配置，提高生产效率，促进经济稳定有序发展。

### （1）助力供给侧结构性改革

工业是我国供给侧结构性改革的重要组成部分，工业互联网能够转换旧动能，释放新动能，在保证质量的前提下推动产业发展。例如，从消化库存来看，工业互联网可以连通供给端与需求端、企业内部与外部，全方位地了解整个产业资源，有效解决库存积压问题。从降低成本管理来看，工业互联网减少了资源浪费，提高了设备效能，精细化管控了成本。

### （2）发展制造强国与网络强国

工业互联网进一步加快了信息技术与制造业的融合进程，如今制造业全面触网并大力发展，制造强国与网络强国已然深度融合。

### （3）守护国家安全防线

为了增强国际竞争力，抢占市场先机，丰田、三星等国际制造企业和IBM、微软等信息通信企业，都在积极建设工业互联网平台，打造"知名品牌+高端产品+主导平台"的新发展模式。如此一来，中国企业和海量的工业数据将面临巨大的风险。因此，我国要大力发展自主可控的工业互联网技术，打造工业互联网平台以保障工业数据安全。

对于网络安全而言，近年来网络空间与物理空间的边界模糊，发展工业互联网可以同时保障网络空间与物理空间的安全，从而提高我国的网络安全。对于科技安全而言，工业互联网的发展会推动科技创新，能够在高端制造等领域研发更多的创新技术。对于社会安全而言，工业互联网可以有效提高设备的安全管理水平，大力保障生产过程安全运行，有效排除工厂、车间等存在的安全隐患。

## 2. 工业互联网的全球化格局

当前世界格局下，工业互联网发展迅速，整体形势清晰、技术标准之争愈加强烈，各行业头部企业持续大力发展工业互联网平台。

### （1）工业互联网的两极化与多元化

2014年3月，工业互联网联盟（Industrial Internet Consortium，IIC）成立，这是迄今为止世界范围内推广和普及工业互联网最强大的力量之一。该联盟由通用电气（General Electric，GE）公司、国际商业机器公司（International Business Machines，IBM）、英特尔（Intel）、思科（Cisco）和美国电话电报公司（America Telephone & Telegraph，AT&T）5家公司发起成立。2018年12月，IIC宣布与OpenFog联盟合并，OpenFog联盟在边缘计算、工业互联网等领域影响颇大。

工业互联网支撑着德国工业4.0前进，德国为工业互联网在全球范围内的推广普及起到了重要的推动作用。德国充分发挥其在工业互联网建设过程中"隐形冠军企业"的领先优势，与IIC在标准、安全、架构等方面深度合作。同时，德国政府为科研机构和企业提供资金和政策支持，鼓励其参与IIC技术工作，快速实现自身的工业互联网建设。

当然，除了美国、德国，像法国、韩国、印度、日本等也投入了大量的资源发展工业互联网。例如，印度依靠塔塔、印孚瑟斯等企业和德国、美国等建立长期的合作关系，积极加入IIC以提高国际话语权。日本的产经省、总务省也在快速发展工业互联网，推动其工业互联网走上国际舞台。

**（2）工业互联网的标准化战略**

建立健全的产业体系和竞争标准直接影响到产业技术的发展。目前，世界各国高度重视工业互联网的标准。例如，IIC致力于打造全球统一的工业互联网标准，积极与开源组织、国际标准化组织及区域标准研制部门深度合作，加速相关标准的制定。德国"工业4.0

平台"建立了标准化机构实验室网络4.0（Lab Networks Industries 4.0，LNI 4.0），这个机构全面负责制定制造业网络化和智能化的标准，IIC与"工业4.0平台"共同推进相关标准的研究和制定，已经就"标准与互操作"达成合作关系。

各国政府除了大力推进互联网平台建设、研究制定标准外，也投入了大量的资源建设工业互联网生态体系、加强工业互联网应用安全等。

**（3）工业互联网形成的竞争新生态**

工业互联网平台是工业互联网领域竞争的核心，西门子、GE公司等工业巨头依托自己的高端产品和装备，建立起具有工业大数据分析、工业应用、设备连接等多种功能的工业互联网平台，在全球互联网产业中拥有更多的主动权。同时，微软、思科、亚马逊、英特尔、IBM等企业因自身在解决方案和软硬件系统方面的优势，也在积极建设工业互联网平台。

**（4）万物标识：工业互联网让工业更有智慧**

2022年，我国工业互联网高质量外网覆盖全国300多个城市，标识解析体系已经完成夯基架梁，五大国家顶级节点稳定运行，二级节点基本实现全国省级地区全覆盖。

总的来说，工业互联网标识解析二级节点建设是一个综合性的、复杂的系统工程。具体而言，我国工业互联网的标识解析体系由国际根节点、国家顶级节点、二级节点、企业节点、公共递归解析节点等多个要素组成，其中，二级节点指的是一个行业或者区域内部的标识解析公共服务节点，能够面向行业或特定区域提供标识编码注册和解析、标识应用等服务。从功能层面来看，工业互联网标识解析二级节点主要由标识注册、标识解析、业务管理、数据管理和安全保障 5 个部分组成；从战略层面来看，工业互联网标识解析二级节点是安全、高效、稳定、可靠的国家级网络基础设施，它具备备案、监测、认证等保障能力，能够支撑工业互联网平台开展资源定位和信息共享；从产业层面来看，工业互联网标识解析二级节点能够通过电子标签、条码等载体采集数据，并通过有效的解析和管理，实现工业互联网在大数据方面的按需共享。当然，标识解析二级节点的建设只是整个工业互联网节点的一部分，后期的运营等工作也很重要，整体协同、综合布局才能保障二级节点平稳高效地运行。

## 我国工业互联网化的行动路径

2022 年 4 月 22 日，为迎接党的二十大胜利召开，中共中央宣传部举行了首场"中国这十年"系列主题新闻发布会，介绍了党的十八大以来政法改革举措与成效。其中，工业和信息化部发布了题为《工业互联网的应用已经覆盖 45 个国民经济大类》的相关新闻，指出，从世界范围来看，数字经济是大势所趋，我国的制造业数字化转型已成为近年来的热点。2022年,我国工业互联网的应用已经覆盖45个国民经济大类,下一步,中国将进一步开展工业互联网创新发展行动,加快网络、平台、安全三大体系建设,持续完善融合发展政策体系、提升制造业的网络化、智能化、数字化综合发展水平。

中国是唯一一个拥有全部工业门类的国家,如今我国的网络技术蓬勃发展,这为我国走工业互联网道路打下了基础。

## 1. 我国工业互联网发展的基础

### (1) 工业大国地位稳定

改革开放以来,我国充分发挥劳动力资源优势,市场潜力无限,加上国有资本、民营资本和外商资本联合作用,我国具有工业门类齐全的优势,且在联合国公布的500多种主要工业产品中,220多种工业产品的产量稳居世界第一。这种巨大的领先优势为我国工业互联网的发展提供了更多的可能性。我国的智能电网、通信设备、核电、高铁等高精端制造也处于世界前沿,这为我国工业互联网的发展带来了更多的国际话语权。能够自主控制高端智能工业互联网终端,更加巩固了我国工业大国的地位。

### (2) 网络信息技术基础牢固

2021年12月6日,IMT-2020(5G)大会在广东深圳隆重举行,工信部发布了工信部无函〔2021〕331号《关于加强5G公众移动通信系统无线电频率共享管理有关事项的通知》，明确了频率共享管理细则以及频率的国家所有、共享后费用的分摊等问题，截至 2002 年 9 月我国新增 5G 基站 196.83 个。无论是基站数量的增加还是建立健全共建共享规范运作制度，都有利于运营商之间减少摩擦促进合作，为我国网络信息技术建设夯实基础。

**（3）政策支持**

我国政府在《关于深化制造业与互联网融合发展的指导意见》《"互联网+"行动的指导意见》、"十三五"规划纲要等多份文件中特别强调推进工业互联网建设的重要意义。各部门紧密合作积极推进工业化互联网建设进程，成立工业互联网产业联盟，推出试点，大力推动工业互联网发展，基础政策也在不断完善。

各省市政府也在积极努力为工业互联网贡献力量。例如，上海市推行实施上海工业互联网"533"创新工程：构建"网络、平台、安全、生态、合作"五大体系，积极落实"集成创新应用、产业生态培育、功能体系建设"三大行动，最终实现"推动传统产业转型升级、全面促进企业降本提质增效、助力国家在工业互联网发展中的主导力和话语权"三大目标，积极争创国家工业互联网示范城市，努力带动长三角地区制造业向国际化发展。

**（4）企业信息化**

我国企业信息化水平日益提高。例如，石化、煤炭、有色金属、钢铁、医药、纺织等行业工艺流程数控化占比高达到 6% 以上，数字化设计在机械、汽车、航空航天等行业的普及率高达85%以上,企业资源计划(Enterprise Resource Planning,ERP)应用率占比达到70%以上。越来越多的传统企业开始向互联网化转型,例如,徐工集团打造了"汉云"工业互联网平台,三一重工打造了"根云"工业互联网平台。

## 2. 我国工业互联网面临的挑战

从目前的局势分析,我国工业互联网发展走势良好,企业引领新技术研发,技术标准制定持续加速,国际合作不断深化。但工业互联网是一个庞大的、综合性极强的产业,在推进我国工业互联网发展中要注意以下几个问题。

(1)产业不强

改革开放至今,工业智能化、网络化发展水平直接影响着工业互联网的发展。我国地域辽阔,不同地区、不同行业的工业发展水平差距显著,甚至少部分地区的工业发展仍处在工业2.0阶段,距离4.0阶段还有一段距离。

目前,我国对软件、系统等关键领域的技术进行自主创新的能力薄弱,对于工业大数据、工业云等工业互联网发展中的关键技术和平台还处于摸索阶段。而拥有全领域覆盖能力和整体解决方案的企业和在工业技术与信息通信领域都具有优势的企业较少,这也直接限制了我国工业互联网发展的速度。

## （2）跨界不足

在网络信息技术领域，我国制造业与网络企业合作不多，存在的合作形式也多为非技术性的项目合作。高端制造业的技术门槛很高，看着相似的领域其实有很大的技术差别。例如，服务机器人和工业机器人同属于机器人范畴，但因为服务机器人的核心是人工智能，而工业机器人的核心是控制，所以服务机器人企业的成功经验很难应用到工业机器人项目中。而大部分重资产运营模式的制造业，因商业模式模糊不愿意尝试转型。

互联网行业与制造业差异性较大，制造业往往投入多、回报周期长，由于不同于互联网行业拥有强大的粉丝群体，不能发挥出网络效应。而互联网行业比较依赖网络效应，如果不能发挥其强大的网络效应其也不愿意与制造业合作。而对于制造业来说，互联网行业的能力供应难以满足制造业有针对性的业务需求，这也降低了二者合作的成功率。

## （3）投入经费不够合理

目前，中国传统产业仍然是工业经济的主体，传统产业占规模以上工业增加值的80%。受宏观经济的影响，很多企业的生存压力较大，无暇顾及自身在工业互联网领域的发展。而我国高新技术产业规模较小，在工业中占比较低，很难看到高新技术产业对工业发展的深远影响。

虽然我国研发经费投入很多，但实际应用到基础研究和应用研究的费用较少。研发经费主要用于基础研究、应用研究、试验发展3个方向。而基础研究与应用研究多为原理性研究，难以直接创造经济效益。如果原理性研究的经费投入不足则很容易导致后续创新乏力，甚至停滞，这就形成了我国高端人才和创新要素相对缺乏的局面。

## 工业互联网平台的架构及类型

### 1. 平台架构

近年来，我国工业化进程加速，消费者越来越重视产品的工艺和品质，企业发展逐渐向创新驱动、品质提升方向努力。与此同时，存储设备、传感器等工业设备持续更新，加上新型技术的赋能，大力推动产品制造、生产和服务不断创新。制造业必须要积极拥抱新技术、新趋势、新变化，搭乘工业互联网这辆快车，加速自身发展。工业互联网可以促使产品、原材料、信息系统和人之间实现互通，对工业数据实时传输、快速处理、高效建模分析，全方位推动运营优化、运营控制等生产方式变革。

工业互联网平台被定义为"面向制造业网络化、智能化、数字化需求。构建基于海量数据采集、汇聚、分析的服务体系，支撑弹性供给、高效配置的工业云平台"。工业互联网平台能够深度处理和分析海量的工业数据,助力企业发展。

工业互联网平台的重要特征是连接、云化服务、知识积累和应用创新。在功能方面,工业互联网平台不仅具有网络传输、智能应用等通用的平台功能,还能对各要素进行有效的计划、组织、控制、协调与检测,确保其状态良好、助力生产。工业互联网平台主要包括三个部分。

**底层架构:基础设施层**

基础设施层处在工业互联网的最底层,由网络基础设施和采集设备构成。网络基础设施可以细分为存储器、服务器、网络设施等基础设施,它利用边缘计算技术对数据进行处理和分析,有效缓解了网络传输和云端计算的压力。采集设备可细分为射频识别(Radio Frequency Identification,RFID)、传感器等设备,采集设备可以将设备接入并集成至云端,通过转化保障海量的工业数据互通互操作。

**中间层架构:支撑平台层**

支撑平台层处于工业互联网的中间层位置,由物联网技术平台、制造管理平台、大数据处理平台构成。在工业互联网中支撑平台层的主要作用是提供数据的管理与分析,积累行业的经验、知识、技术等资源,并对资源进行重组与复用。在组成支撑平台层的三大平台中,物联网技术平台主要帮助设备接入网络及时处理数据;制造管理平台主要建立业务模型、流程引擎、数据模型与各种开发工具,帮助企业研发各类工业软件;大数据处理平台主要是从海量的数据库中挖掘最有价值的数据，为企业运营管理提供有效的帮助和指导。

**顶层架构：工业应用层**

工业应用层处于工业互联网的顶层位置，其主要功能是通过云化软件，为工业用户提供类似于设计仿真、专家诊断、生产管控等完善的制造应用与创新性应用服务。例如，诊断专家可以帮助制造企业精准地找到各个环节中的问题，并针对问题给出有效的指导意见，促进企业生产规范化、生产精益化。

## 2. 平台类型

目前，全球工业互联网平台从服务对象与应用视角来看，可以将广义的工业互联网平台分为资源配置平台、资产优化平台和通用使能平台，接下来我从平台的特征、作用等方面分析这三个类型的工业互联网平台。

（1）资源配置平台

资源配置平台的特征是能够增强区域协同和产能优化，将企业闲置的资源提供给有需求的企业。该平台利用云技术整合海量的、离散的、无序的工业数据，以及研发设计等资源，帮助企业完善诸多环节，使制造企业与外部用户无缝对接，提高资源的利用效率。

（2）资产优化平台

资产优化平台的主要功能是管理工业设备资产，大多数由工控企业和大型设备生产商掌握。该平台在管理工业设备资产的过程中，利用移动互联网、传感器搜集数据环境和终端设备，并通过人工智能、大数据技术等分析设备的运营状态及性能,使企业的决策与生产更加智能化。

**(3)通用使能平台**

通用使能平台主要服务于上述两个平台,为其提供通用基础性的云计算、大数据及物联网服务。例如,在通用使能平台的帮助下,物联网开发团队将解决通信安全、数据管理与归集、通信协议等问题,使物联网应用能够快速开发并实施应用。

工业互联网平台帮助上述三个类型的平台实现互通连接。资源配置平台具有比较突出的垂直行业属性,需要配置高水平的信息化集成应用与供应链管理。资产优化平台可以直接优化生产过程和终端设备,需要有较高水平的智能装备和技术积累。通用使能平台则能完善工业互联网产业体系中的基础设施建设。

## 工业互联网驱动企业数字化转型

### 1. 工业互联网开启未来应用新场景

**(1)工业生产过程新场景**

在工业生产过程中,工业互联网平台可以帮助企业快速采集现场数据,并且及时进行数据分析,为生产流程、制造工艺、设备维护、质量管理、能耗管理等提供指导。

① 在生产流程方面。工业互联网可以帮助企业分析生产进度、物

料管理等数据,从而提高工作人员在物料、排产等方面的管理水平。

② 在制造工艺方面。工业互联网可以帮助企业分析工艺参数、设备运营等数据,优化工艺制造细节,提高产品品质。

③ 在设备维护方面。工业互联网可以帮助企业分析设备的运营数据和历史数据,随时监测设备运营状态,在发生故障或出现安全隐患时及时通知维修人员。

④ 在质量管理方面。工业互联网可以帮助企业开展产品过程数据和检测数据的相关分析,及时发现线上异常,降低次品产出率。

⑤ 在能耗管理方面。工业互联网可以帮助企业分析生产过程中各个设备在各环节的消耗,优化企业能耗,降低企业经营成本。

(2)企业管理决策新场景

在企业的运营管理过程中,工业互联网平台可以帮助企业从生产管控一体化、企业决策管理、供应链管理等方面进行分析,实现精细化管理,提高自身的经营管理效率。

① 在生产管控一体化方面。工业互联网可以帮助企业集成生产执行系统、业务管理系统等,企业管理与生产紧密结合,提高企业的管理水平。

② 在企业决策管理方面。工业互联网平台可以帮助企业综合分析内部数据和外部市场数据,提高决策率,减少失误率,通过对企业数据的综合分析和全面感知,促进企业智能化检测。

③ 在供应链管理方面。工业互联网平台可以帮助企业实时监测

物料消耗情况，根据库存数量自动下单，确保物料及时供给的同时避免库存积压。

**（3）资源配置优化新场景**

在推动社会化生产实现资源优化配置方面，工业互联网可以帮助企业与物料服务商、技术供应商、原料供应商协同合作，打通原料选择、设计研发、制造生产、物流运输、品质服务等环节，提高产品与服务的质量。

① *在制造生产交易方面。* 工业互联网可以帮助企业把闲置的资源提供给有需要的商家，最大限度地实现资源优化配置。

② *在个性化定制方面。* 工业互联网可以帮助企业实现与终端消费者的无缝对接，实现按需生产、定制生产。

③ *在协同制造方面。* 供应链平台可以将生产企业、供应链企业的业务系统紧密融合，缩短产品的生产周期，有效提高资源的利用效率。

**（4）产品管理服务新场景**

在产品的全生命周期管理过程中，工业互联网可以帮助企业针对产品的设计、生产、运行等作详尽的分析，实现全面管理。企业通过工业互联网为用户提供全生命周期的产品维护等服务，对及时反馈的数据进行分析整理，助力企业迭代发展。

① *在产品溯源方面。* 工业互联网可以帮助企业记录产品的设计、生产、物流、服务等信息，有利于产品归档管理。消费者可以通过

平台查询相关信息，确保产品质量等。

②在产品更新迭代方面。工业互联网平台可以帮助企业及时分析用户数据，并将结果反馈给企业，帮助企业增加对产品的新认识和新理解，推动产品升级。

③在产品线上维护方面。工业互联网能够及时分析产品的实时数据和历史数据，方便企业线上维护产品，提升用户体验。

## 2. 企业的数字化转型

### （1）企业上云

工业互联网平台因新一代信息技术从消费环节拓展到制造环节，平台应用环境良好。企业必须加快推进自身的数字化、信息化建设，积极参与"企业上云"，才能从竞争激烈的制造业中脱颖而出。同时，企业应持续优化IT架构，大力发展服务于内部的管理平台和私有云平台，以及服务于外部的用户与客户的公有云平台。

### （2）数据共享

工业互联网能够落地首先要依靠工业设备级数据和设备操作级数据的互联互通。因此，企业要完善工业级数据标准化体系，加快推动协议转换与设备联网，提高自身的数据收集、分析能力，积极跨领域实现资源协同、数据互通，最终实现数据驱动创新发展。

### （3）设备改造

制造企业需要引进智能机床、机器人等智能装备，对现有设备进行智能化升级，注重培养智能制造技术方面的相关人才，充分整合与使用设备、人员、工具等制造资源，提高设备的利用率。实时分析产品的生产状况等信息，保证产品在检测、质量检验、物流、生产过程中形成完美的闭环。

### （4）打造互联网新生态

想要打造一个完美的工业互联网平台需要多方合作，共同努力，单靠一家企业单打独斗是不可能完成的。政府部门应做好顶层设计工作。例如，积极引导制造企业和外协生产商、设备制造商、平台供应商等多方协同合作，构建可持续发展的生态链，全面助力制造企业升级改造。

相关制造企业也要积极配合政府工作，增强自身对工业数据的收集能力，积极推进设备智能和云基础设施改造。扩大数据使用范围，让数据在整个生产线上流动起来，在提升自己的同时，为中国制造业转型贡献力量。

## 【新基建起航】核心企业与投资热点

### 1. 工业互联网行业产业链及投资方向

工业互联网产业链上游主要是提供平台所需要的智能硬件和软件设备，包括控制器、传感器、智能机床、工业级芯片、工业机器人等。从整体来看，工业互联网的产业链很长且各个产业链之间的协同性很强。

工业互联网产业链中游为互联网平台，这一层面从架构上又可以细分为平台层、边缘层和应用层。平台层主要解决的是数据存储和云计算的问题，主要涉及的设备有服务器、存储器等；边缘层是工业互联网应用的基础，主要包括工业大数据的采集服务；而应用层主要是各种场景应用的解决方案，如工业App等。

工业互联网产业链下游的重点是应用场景，主要包括新能源设备、通用动力设备、高耗能设备、高价值设备和仪器仪表专用设备等。涉及上述领域的内容都是未来的投资热点。

## 2. 工业互联网产业链核心企业分布

从目前的投资分布来看，主要涉及工业互联网的平台层和网络层。

其中，平台层不仅是产业链上下游非常关键的一个环节，同时也连接着管理平台，相当于直接与运营商、云计算企业对接。如此一来，市场集中度相对较高，投资前景广阔。目前相关受益的企业包括制造类企业海尔智家、工业富联、三一重工（树根互联），以及软件类企业用友、东方国信等。

另外，网络层则主要分为内网和外网两个部分。目前，内网产业链代表企业所占市场份额已趋于稳定，代表企业有中国软件、东土科技、紫光软件等；而从生产设备层看，主要包括伺服电机、前端信息采集系统、变频器、减速器，该领域企业分布格局尚未稳定，需要进一步加速市场竞争，才能达到稳定的梯队格局。

## 3. 5G+工业互联网开启数字化新时代

在 2021 中国 5G+工业互联网大会上，"5G+工业互联网"正式融入我国各行各业的生产制造之中。5G 开启了万物互联的数字化新时代，而工业互联网则是 5G 最重要的应用场景，未来二者融合发展已是大势所趋。

2019 年 11 月，工业和信息化部在印发的《"5G+工业互联网"512 工程推进方案》中提出，到 2022 年，我国内网建设改造要覆盖 10 个重点行业，并在"5G+工业互联网"领域打造 5 个产业公共服务平台，形成至少 20 个典型的应用场景，打造 5G 与工业互联网高度叠加融合、相互促进的创新业态。其中，工业和信息化部发布的第二批"5G+工业互联网"十大典型应用场景，主要包括了生产能效管控、生产单元模拟、工艺合规校验、精准动态作业、设备预测维护、厂区智能理货、生产过程溯源、全域物流监测、企业协同合作、虚拟现场服务等，以及石化建材、化工、纺织、港口、家电等"5G+工业互联网"重点行业。

在"十四五"期间，5G 和工业互联网融合发展将重点在以下三个方面发力。

第一，加快我国新型基础设施建设，打通信息发展"大动脉"。具体表现为支持企业运用 5G 等先进技术改造建设企业内网，推动工业互联网平台走进企业和园区，支持企业设备上云等。

第二，夯实发展根基，加强关键技术攻关。发挥企业创新的主体作用，实现传感器、工业模组、关键软件等领域的研发和产业化发展。加快探索数据交易平台建设，提升数据管理水平。

第三，推动各行业数字化智能化转型，拓展各业相互融合更多应用场景。通过建设一批 5G 全连接工厂，打造一批专业化解决方案提供商和优秀的工业互联网平台，同时建设一批复合型人才队伍，以带动千行百业提质增效。

当然，要大力发展 5G+ 工业互联网并非朝夕之事，唯有不断深化改革、开放共享，才能构建互利共赢的产业新生态。

## 第九章

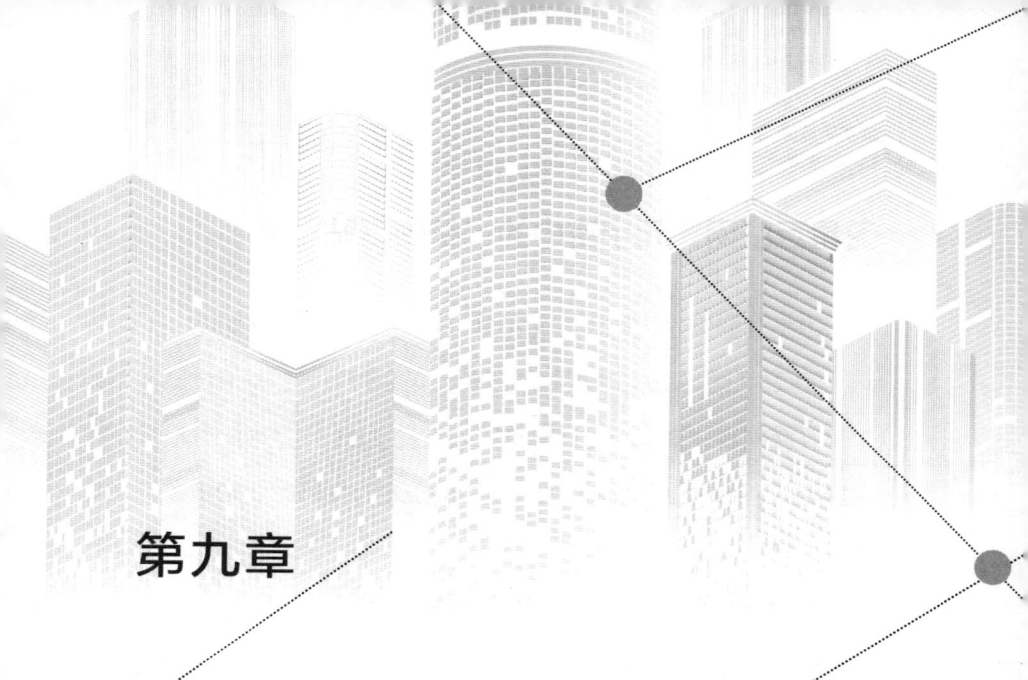

## 新基建延展：卫星互联网与区块链开启数字经济下半场

卫星互联网作为我国"新基建"的一个重要发展方向，在 2020 年 4 月 20 日首次被国家发改委列为信息基础设施，至此卫星互联网将迎来新的发展契机。如果说 2021 年是中国卫星互联网发展元年，那么 2022 年开始，我国的卫星互联网行业则正在迎来属于它的发展蓝海。

# 卫星互联网：元宇宙中的"空中基站"

卫星互联网作为我国"新基建"的一个重要发展方向，在 2020 年 4 月 20 日首次被国家发展和改革委员会列为信息基础设施，至此卫星互联网将迎来新的发展契机。如果说 2021 年是中国卫星互联网发展元年，那么 2022 年开始，我国的卫星互联网行业则正在迎来属于它的发展蓝海。

互联网广泛应用于人类社会的各个领域。近几年，"元宇宙"的概念一经提出，人们想象自己未来能在数字空间里自由穿梭，随意切换身份，沉浸式体验虚拟宇宙世界中的工作和生活，拉近了虚拟与现实的距离，而有关元宇宙的言论恰恰是基于互联网的一种设想。据工信部有关数据统计，目前全球有将近几十亿人未实现互联网全覆盖，卫星互联网将成为除 4G/5G 外的重要信息技术。在未来，元宇宙、卫星互联网的产业发展将具有重要的战略意义。

## 1. 什么是卫星互联网

卫星互联网并不是一个新概念，早在 20 世纪人类已就已经开始建设卫星互联网、卫星通信和地面通信了。当前很多公司都对投资卫星互联网蠢蠢欲动，竞争非常激烈。

近年来，一系列科幻大片在全球电影院上映，人们越发对宇宙

# 第九章
## 新基建延展：卫星互联网与区块链开启数字经济下半场

与未来充满了好奇和幻想，乐于探索其中的奥秘。

尽管 5G 时代的愿景是全球大部分地区都能实现网络联通，但依然有很多偏远地区无法享受到互联网的便捷服务。相比地面光缆，卫星互联网在成本消耗上更少，人们更愿意由此入手来彻底解决"信息孤岛"的问题。

卫星互联网是指多次发射数百颗乃至上千颗小型卫星，在低轨组成卫星星座，以这些卫星作为"空中基站"的一种新型通信方式，用来实现地面与空中的网络互联。简单来说就是将地面的"基站"建到了太空上，即在卫星通信的基础上建立的互联网。

从技术层面讲，按照卫星轨道平台的高度可以把卫星分为静止、中轨和低轨，见表 9-1。

表 9-1　卫星轨道和不同频段的范围与用途

| | 轨道 | 范围 | 用途 |
|---|---|---|---|
| 轨道 | 低轨 | 200～2000km | 军事目标探测、互联网通信 |
| | 中轨 | 2000～20000km | 主要作为陆地移动通信系统的补充和扩展卫星电话 |
| | 高轨 | 20000km以上 | 卫星电话 |
| 频段 | L频段 | 1～2GHz | 卫星定位、卫星通信以及地面移动通信 |
| | S频段 | 2～4GHz | 气象雷达、船用雷达以及卫星通信 |
| | C频段 | 4～8GHz | 雷达业务、通信卫星、地面通信 |
| | X频段 | 8～12GHz | 雷达、地面通信、卫星通信以及空间通信 |
| | Ku频段 | 12～18GHz | 卫星通信 |
| | Ka频段 | 27～40GHz | 雷达、实验通信、卫星通信 |

### (1) 低轨道地球卫星

低轨道地球卫星主要是指卫星轨道距离地球表面 500~2000km 的地球卫星，由于具备信号传播时延短、卫星轨道低、卫星和用户终端的要求低、其链路损耗小等特点，所以低轨道卫星通信系统可以采用微型／小型卫星和手持用户终端。

低轨道卫星星座系统是指多个低轨卫星构成的可以进行实时信息处理的大型的卫星系统，卫星的分布也叫卫星星座。具有以下几个优点：

- 低时延，地星单项传播时间是 1.5ms，地－星－地时间约 15～50ms；
- 高稳定性，局部的自然灾害和突发事件对系统正常运行的影响微乎其微；
- 全球覆盖，通信不受地域限制，并能将物联网拓展到远海；
- 不依赖地面基础设施，实现了低成本轻量化终端。

轨道低会使卫星覆盖的范围比较小，这就需要很多卫星才可以构成全球系统，其中主要包括国内的航天科技集团鸿雁工程、中国电科的天地一体化信息网络、航天科工集团的虹云工程和行云工程和海外的 Oneweb、Starlink、铱星系统。

### (2) 中轨道地球卫星

中轨道地球卫星主要是指卫星轨道距离地球表面 2000～20000km 的地球卫星。其覆盖范围大于低轨道卫星，但传输时延比较长，所需数量较少的卫星实现全球组网覆盖，国际海事卫星系统是典型系统。

### （3）静止轨道卫星

静止轨道卫星，也称 24 小时轨道，是指轨道平面与赤道平面重合，卫星的轨道周期等于地球在惯性空间中的自转周期(23 小时 56 分 4 秒)，且方向亦与之一致，即卫星与地面的位置相对保持不变，故这种轨道又称为静止卫星轨道。

由于静止轨道卫星相对地面静止，轨道高度为 35786km 且覆盖区大，三颗经度差约 120° 的卫星就能够覆盖除南、北极以外的全球范围。由于链路损耗大，静止卫星轨道高，对用户端接收机性能要求较高，因此同步轨道卫星通信系统主要用于电视信号转发、VSAT 系统等，很少用于个人通信。

在上述 3 种轨道卫星中，低轨道地球卫星相对位置更低一些，具有路径损耗小、延时短、数据更准确、图像更清晰等特点。相对于覆盖面积广的光纤，在低密度业务区建设成本低很多，无论你在山林、沙漠、海洋、偏远地区，甚至是无人区都可以享受到网络服务。

其实，卫星互联网从 20 世纪 80 年代发展至今，已有 30 年的历史。在此期间，其历经了 3 个阶段的换代升级，从低频段到高频段，从宽窄移动通信到宽带互联网，无一不体现着卫星互联网发展的快速变化。低轨卫星互联网的演进阶段见表 9-2。

表 9-2　低轨卫星互联网的演进阶段

|  | 第一阶段 | 第二阶段 | 第三阶段 |
|---|---|---|---|
|  | 20世纪80年代-2000年 | 2000-2014年 | 2014年-至今 |
|  | 与地面通信正式交锋，展开竞争 | 作为地面通信的填隙和备份 | 与地面通信融合发展，扩展覆盖范围 |
| 代表企业 | 铱星、全球通、轨道通、泰力迪斯、天桥系统 | 新铱星、全球星、轨道通 | Starlink、O3b、OneWeb、鸿雁、虹云 |
| 业务服务 | 宽窄移动通信——低频段：低速语音、低速数据、物联网服务 | | 宽带互联网——高频段：高速率、低延时、海量数据 |

实际上，有关基于近地轨道通信卫星实现地球网络覆盖的设想从20世纪80年代发展之初就一直存在。尽管一系列的"太空先行者"由于技术不够成熟而以失败告终，但是不乏 OneWeb、Starlink 等成功案例，它们依靠小型化的特点，降低了发射成本，点亮了卫星互联网发展新的希望。

OneWeb 已经得到多家大型企业的投资，2022 年建成低轨卫星系统，共发射约 650 颗 LEO 卫星与 1280 颗 MEO 卫星，于 2027 年实现全球化覆盖。据了解，低轨道可容纳卫星数量为 6 万颗，预计到 2029 年将部署有 57000 万颗卫星。

2016 年 12 月，我国的《"十三五"国家信息化规划》中也明确提及"通过移动蜂窝、光纤、低轨卫星等多种方式，完善边远地区及贫困地区的网络覆盖"。在此背景下，中国航天科技和中国航天科工两大集团计划于 2023 年分别建设完成低轨通信项目"鸿雁"和

"虹云"星座计划，前者发射 300 颗低轨通信卫星，后者发射 156 颗低轨通信卫星，由此组建一个更庞大的太空通信网。

## 2. 卫星互联网的无限可能及未来面临的挑战

近年来，我国多个近地轨道卫星星座计划的启动让越来越多的卫星互联网产业看到发展的前景，多个地区纷纷开始在卫星互联网产业上规划布局。然而，我国卫星互联网在一些技术领域还不够成熟稳健，尚处于试验阶段，例如国内商业卫星设计体系比较落后，因此，我国未来卫星互联网产业的重要技术发展趋势的其中一项就是建立新型的卫星设计体系。

### （1）我国 5G 与 6G 技术的结合将为卫星互联网带来更多可能

卫星互联网产业涵盖了多个新型信息产业，其中包括卫星发射、卫星制造、卫星网络运营等，它是这些产业向太空的延伸。

如果说 5G 技术是卫星互联网的补充，那么 6G 技术则是低轨星座将与地面移动通信系统有机融合，打破时间、空间、地点的局限，实现互联网全方位无死角覆盖，让人们在未来体验到前所未有的智能移动载人平台、空中高速上网、全息通信等应用服务。

我国 5G 技术及未来 6G 技术与卫星互联网的结合，无论是对自动驾驶、野外勘探，还是航空 Wi-Fi、远洋航运都无疑会带来创新的发展和突破。与此同时，国内还需要采用平板/反射面天线的低成本终端，建设无人值守边境综合监测站、信关站等。

为实现对偏远地区的网络覆盖可采用卫星互联网,因为5G/6G的基站铺设密度需求比传统3G/4G网络要高,且成本也相对高很多,所以仅能保障城市的覆盖范围。采用卫星互联网可帮助海洋、电力、石油等产业在新型在线业务上有进一步拓展,也将实现野外探险、偏远直播等新兴产业领域的发展。

**(2)多方共同发力保障"星链计划"实现**

目前,我国发展卫星互联网产业还存在多项难题。

首先,卫星互联网亟须解决的难题是基础技术上的攻克,包括长时间、稳定高速星间激光载荷,星载/地面相控阵天线,高精稳、长寿命卫星平台,复杂星座组网控制及多层星座构型保持等。

其次,国内互联网卫星需要解决有关低成本、批量化生产及运载能力的难题,目前一些卫星的发射成本、频次与大型星座的成本、高频次的发射需求不相匹配。国内商业航天居高不下的综合成本直接导致大量商业公司处于试验阶段,对商业航天技术体系的试错和迭代发展非常不利。

未来,卫星互联网的科技创新可以在新基建的推动下得以发展,将卫星互联网科技产业上游的基础原材料的供应能力、研发制造水平和下游用户端的应用开发水平进一步提高,让下游用户端的智能应用在5G、人工智能等支持下开发使用。换句话说,开发智能化应用是卫星技术的突破起点和终点,不断更换下游用户端的解决方法。

未来通信、遥感、导航三大卫星系统将会产生大量的通信网数据，为此，卫星互联网产业需要面临关键性的难题是怎样迎接卫星大数据时代。

卫星互联网具有较长的产业链条，保障要求极高，对于构建大型卫星网络系统而言，技术创新、发射保障、资金投入、空间资源等多项环节将为其带来非常严峻的考验和挑战。

## 3. 低轨道的"太空竞赛"

随着科技发展，高通量卫星技术发展日趋成熟，尤其是其高频段、多波束和频率复用的特征促使卫星通信的成本大幅降低，通信速率大幅增加。传统卫星领域的变化不容小觑。例如，低轨高通量卫星，它具有明显的优势，即宽带大、时延小、成本低、覆盖广……为解决互联网覆盖问题提供了更多的可能性。

如今，许多国家和地区开始大力扶持卫星通信建设，在相关政策和法规的支持下积极参与资源竞争，力求拥有更多先发优势。可见，卫星互联网发展是大势所趋。值得注意的是，卫星的频率资源和轨道是有限使用资源。如今，国际上秉承"先占先得"的原则分配轨道资源，后申报轨道资源的国家不可对先申报国家的卫星产生不利影响。并且申报者必须在登记之后的 7 年内完成卫星发射，否则已预订的资源会被取消，可见轨道资源非常紧张。

由于轨道和频率资源有限，大国卫星部署竞争更加激烈。中国、俄罗斯、美国、欧洲等国家和地区开始加速申报频率和轨道资源。

短期看来，我国的卫星互联网建设不会呈"大跃进"式发展，但随着越来越多国家"空中基站"建设的提速，早日"卡"位太空也将成为中国通信产业的选择。怎样经营与监管信息技术与航天技术交会的地带，需要持续的探索技术与经验的堆积效应。卫星管理面临的关键性挑战是卫星数量的极速增加、频率和轨道日益拥挤、实现卫星频率使用最大化等，这些挑战都关系到卫星通信产业的竞争力。

不管怎样，我国已经在追逐太空之梦的路上迈出了一大步，不论"太空竞赛"的最终结果如何，全球各国依然会为了全人类步履不停、为改变世界贡献一己之力。事实证明，天空之境、星辰大海并非遥不可及。

### 4. 卫星互联网的未来场景应用及产业链分析

未来，越来越成熟的卫星互联网不仅能为政府和商业服务，还将直接面向消费者，由卫星互联网延伸的"卫星宽带服务"离我们每个人越来越近。回望这几年的中国商业航天热潮，随着技术的进步和时间的沉淀，中国民营航天企业从无到有，民营航天创业公司的数量与日俱增，资本也随之涌入、大力助推。与此同时，随着政策的指引，中国商业航天也面对这样一道重要的新课题。

通信、导航和遥感是卫星的三大应用方向，这三个方向也会延伸出一些其他服务，形成巨大的产业价值。从卫星互联网产业链的上游、中游和下游分析其未来的场景应用，其上游主要是电器元件及材料、燃料厂商。卫星互联网的产业链上游分析见表9-3。

表 9-3 卫星互联网的产业链上游分析

| | 内容 | |
|---|---|---|
| 产业链上游 | 材料 | 金属材料 |
| | 燃料 | 固液推进剂 |
| | 电子元器件 | 芯片 |
| | | 电源 |
| | | 面板 |
| | | 天线 |

卫星互联网的产业链中游有 4 个环节，分别是卫星制造、卫星发射、地面设备制造和卫星运营及服务。卫星互联网的产业链中游分析见表 9-4。

表 9-4 卫星互联网的产业链中游分析

| | 内容 | |
|---|---|---|
| 产业链中游 | 卫星制造 | 卫星平台 |
| | | 有效载荷 |
| | 卫星运营 | 地面运营商 |
| | | 卫星通信运营商 |
| | | 北斗导航运营商 |
| | | 遥感数据运营商 |
| | 卫星发射 | 运载火箭研制 |
| | | 发射服务提供 |
| | | 卫星在轨交付 |
| | 地面设备制造 | 网络设备 |
| | | 大众化消费设备 |

卫星互联网产业链的下游主要是：企业、高校、政府、个人等终端用户。卫星互联网的产业链下游分析见表9-5。

**表9-5 卫星互联网的产业链下游分析**

| 产业链下游 | 内容 | |
|---|---|---|
| | 卫星应用 | 解决方案 |
| | | 定制化服务 |
| | | 产品售卖 |

从整个卫星互联网产业链来看，其中最重要的环节是卫星制造和卫星发射，运营应用和地面设备的应用空间会更大。如今，卫星互联网产业链正处在发展初期，卫星制造和卫星发射的公司可以逐步释放业绩，待卫星互联网初具规模后，负责运营和地面终端的公司后期拓展机会更多，未来卫星互联网的应用场景可以从以下4个方面出发，提前进行应用场景布局。未来卫星互联网的应用场景见表9-6。

**表9-6 未来卫星互联网的应用场景**

| 应用场景 | |
|---|---|
| 偏远地区 | 在卫星互联网建设与设备终端都相对成熟的情况下，小型卫星作为中继站，低轨卫星在用户与地面卫星站之间建立地空通信链接，形成顺畅的通信链路 |
| 航空 | 从2017年开始，机载终端ViaSat装机量开始稳步大幅提升，松下 航电、Gogo等为许多航空公司提供机载Wi-Fi服务 |
| 海洋作业及科考 | 通过船载卫星设备终端，装设海事卫星电话、卫星定位等，实现地面通信网络与海上船只互通互联，满足船员、设备等数据交换，及时收发邮件，实现语音视频等通信需求 |

续表

| | 应用场景 |
|---|---|
| 灾备 | 现在是信息化时代,短暂的网络中断可能会带来不可估量的损失,通过卫星互联网提供的高速备份链路,让数据保护与恢复、异地灾备系统、应急呼叫等处于稳定的网络环境中 |

当然,火热投资过后,我们也要适时冷静,警惕投资过热带来的一系列问题。毕竟卫星互联网行业前期对资金需求量巨大,属于重资产运营,卫星的生产和发射成本本身就很高,而且发展初期收益较少,所以大多数民营卫星互联网企业比较依赖融资。受市场消费能力和建设成本等影响,实现电信普遍服务道阻且长。在 6G 时代加速卫星互联网建设,是实现万物互联天地融合的关键。无论如何,可以肯定的是,"新基建"为我国卫星互联网的发展注入了强大动力和信心!

## 卫星互联网对我国航天业的影响

对我国商业航天而言,卫星互联网纳入"新基建"是一件非常有意义的事情。

### 1. 卫星互联网助力我国航天业飞速发展

北京时间 2021 年 10 月 16 日 0 时 23 分,搭载神舟十三号载人飞船的长征二号F遥十三运载火箭发射，担任此次飞行任务的飞行乘组人员有航天员翟志刚、王亚平和叶光富，当神舟十三号载人飞船与火箭成功分离，顺利进入预定轨道后，3位航天员向地面报告状态良好，发射取得圆满成功。自此，3位航天员将开启我国首次长达6个月的太空征程，这是我国航天事业的又一次伟大创举。

在此次太空探索之旅中，3位航天员需要完成多项太空任务和太空实验，包括开展机械臂辅助舱段转位、建造关键技术试验、手控遥操作等空间站组装，探索和研究微重力物理学、航天医学领域等科学技术试验与应用。除此之外，3位航天员还要完成2~3次的出舱活动，在出舱活动时要安装大小机械臂，悬挂装置的安装和双臂组合转接件。

统一测控系统、安控系统和天地通信系统确保了此次神舟十三号载人飞船任务中飞船精准入轨以及飞船、航天员的安全，在各部门通力合作下，本次发射任务获得了圆满成功。

**（1）统一测控系统实现精准定轨**

在神舟十三号载人飞船与天舟三号交会的过程中，为实现飞船精准入轨，测控系统需要实时测控飞船的各项飞行数据，包括飞行速度、位置以及轨迹、飞行姿态等。而本次发射任务的统一测控系统是由网络通信研究院研制的，它与3颗中继卫星共同形成了立体通信测控网。航天指挥部利用测控通信网，通过遥测、外测对神舟十三号和核心舱进行远程控制引导，使航天器精准步入计划轨道。

### （2）安控系统为航天员往返的"生命之舟"保驾护航

神舟13号载人飞船是航天员往返天地的"梦想之舟"，同时也是他们的"生命之周"。可以说，保证航天员生命安全是此次飞行任务最重要的任务之一。

为了全程保障宇航员执行本次任务的生命安全，神舟十三号载人飞船采用网络通信研究院研制的安控系统。在发射过程中，执行测控、安控和逃逸任务是由最新研制的1套地面逃逸安控系统、1套地面安控系统、2套车载逃逸安控系统和1套车载机动统一测控系统共同参与完成。当发生紧急情况时，宇航员亦可根据其发送的指令进行安全逃逸，以确保整个航天在轨任务达到万无一失。

### （3）天地通信系统打通了一条通信传输的"天路"

天地通话是载人航天活动中的主要项目。为实现航天员与地面人员的天地通话，网络通信研究院通过建设和研制由多个设备构成的天地通话系统打造了一条高效、高速、便捷的通信传输"天路"。

空间站、天链中继卫星和地面站是完成天地通话的重要组成。载人空间站和神舟飞船任务对通信系统的要求很高，为满足这一特性需求，网络通信研究院升级了卫星通信设备的软件和硬件，并新建了多套车载站、固定站和便携站，升级和新建后的系统使卫星传输能力得到大大的提升，保障了载人空间站在轨运行数据实时传输的效率和准确度。

此外，数据中继卫星系统中的天链一号地面终端站对天地信息传输同样发挥着至关重要的作用。为满足空间站的需求，研究院也对其进行了升级，采用新型的全国产化平台监控系统，使故障处置和任务准备的时间得到了极大地缩短。而天地通话语音、视频图像的清晰传递需要天地通监控中心系统参与完成，它可以实现宇航员与地面人员的实时通话，为适应载人空间站多舱、多场景天地图像传输需求，研究院采用多种天地图像编解码终端传输高清图像和全景图像等信息，提高了图像信息传输的高效性、清晰性和可靠性。

网络通信研究院为保障本次航天任务的顺利进行派出了多名经验丰富的优秀干将，从发射到后期的长期在轨运行，做足了充分的保障工作，为中国航天"星辰大海"梦想保驾护航。

## 2. 卫星互联网将引领人们走向万物智联新时代

卫星互联网列入"新基建"范畴之后，中国联通与华为公司强强联手成为投资界与产业界的焦点。未来中国商业航天将在越来越多产业巨头的加持下迎来新一轮爆发"窗口期"。当然，卫星互联网对我国航天业的标志性意义远不止这些。

### （1）卫星互联网对我国航天业有"牵一发而动全身"的效应

卫星发射、卫星制造、地面基站及终端设备、卫星运营服务等环节都属于卫星互联网产业链，这几乎包括了我国商业航天涉及的全部领域。在卫星互联网纳入"新基建"后，商业航天发展的方向和突破口都越来越明确,参与者可以有针对性地进行整体提升与整合,进而推动商业航天的发展。

**(2)卫星互联网将成为我国商业航天发展的一个重要分水岭**

我国航天事业的应用和研发还处于摸索阶段,其指向性还比较模糊,市场的不确定性也比较凸显,各自为战的航天企业难以形成产业合力。而卫星互联网被纳入新基建后,产业链上各个企业的产业规划路径更为明确,提供的产品和服务更具体化,这有利于商业航天取得实质性的进展。

**(3)卫星互联网将改变投资者对我国商业航天业的投资理念**

以前一些投资者对商业航天投入资金多带有试探性,或盲目追求短期利益。伴随着卫星互联网被纳入新基建,投资者逐步增强了对卫星物联网和商业航天发展的信心,促进资本长期注入,避免急功近利的短期行为,为航天事业的可持续发展夯实基础。

"连接"是互联网最本质的特征,连接会产生应用进而创造更多价值。卫星不同于互联网,卫星互联网主要解决"连接"问题,初期的建设模式不是按照一张统一大网出发,而是用不同的技术体制和不同架构网同步建设发展。可以说,卫星互联网的使命是连接传统互联网不可抵达的地方,最终目的是与互联网融为一体。我国航天事业的发展与进步离不开卫星互联网技术的加持。建立卫星互联网可以实现全球覆盖、无死角地接入宽带互联网。如果说 5G 让万物互联不再是梦想,那么卫星互联网则会让它梦想成真——无所不达、无所不联,最终走向万物智联。

卫星互联网不仅将助力我国航天事业的发展,在其他精确测量工作上也将起到推波助澜的作用。

随着卫星互联网的快速发展,未来它将无所不在、无所不连、无所不达。例如,我们可以在珠峰的封顶、冰层、山脉设置多个半永久式或永久式的传感器,这些传感器可以直接连接到卫星互联网上,通过新型测绘手段将测量仪器和传感器的数据实时回传与合并,进行综合计算、分析,完成测量任务。这样一来便不再需要人类冒着生命危险进入禁区测量。从这个角度而言,珠峰的测量工作势必会迎来精准化、实时化、无人化时代,珠峰将是一个完全并入云端的数字化珠峰,人类不再是在山脚下望而生畏,而是站在峰顶上俯瞰一切,这也是卫星互联网引领人类走向万物智联时代最深刻的要义。

## 区块链:从"连接"到"链接"的万亿级新赛道

区块链作为一种后端底层技术,从问世起就与基础设施建设密不可分。与人工智能中的推理、训练算法不同,区块链以密码学技术起家,注重更为底层和抽象的数据存储与交换。区块链技术被认为是继蒸汽机、电力、互联网后,极具颠覆性的新一代核心技术。如果说蒸汽机释放了人们的生产力,电力解决了人类生活需求,互联网改变了信息传播的方式,那么区块链则很有可能改变人类社会传递价值的方式。那么,区块链如何演绎新基建赋予的角色,未来区块链又将如何建设,值得我们深入研究探索。我们可以从两个层面来解读区块链的含义。

**(1) 科技层面**

区块链涉及很多科学技术问题,例如,密码学、数学、计算机编程、互联网等。

**(2) 应用层面**

区块链可以视作一个分布式的数据库和共享账本,其特点是公开透明、可追踪溯源、不可篡改、全程留痕、"去中心化"等,这些特点使区块链更加"透明"与"诚实"。

简单来说,区块链就是一个能够记录数据的系统,在系统中的每个区块都有自己的信息和数据,这些信息和数据源于前后区块。

区块链的本质在于,通过数据的全网一致性分发了冗余存储,使数据更加公开透明并且无法篡改。区块链在具体系统层面降低了信息不对称的可能性,进而对业务流程进行优化重组。区块链在实现信息系统"去中心化"的同时,通过构建系统和业务流程"去中心化",从总体上提升了效率和利益分配的公正性。

区块链具有极高的安全性,区块中的数据可以视作一封信,我们可以把信寄往任何地方,也就是把数据传输到其他区块。把信装在一个透明的盒子里,并且盒子周围布满了由不同人操作的摄像机,所有人都能看到这封信，如果有人篡改这封信，就会被所有人发现。

## 1. 区块链与基础设施的内在联系

由于区块链具备去中心化、不可篡改等特点，英国著名杂志《经济学人》称区块链为"创造信任的机器"，业界高度重视区块链与基础设施的内在联系。例如，区块链在互联网环境中建立信任基础设施，降低经济生活中的信任成本，消除"中心化"架构的信息不对称等。区块链技术本身带有"强基础设施"属性，历经 10 多年发展，联盟链和公有链已经成为区块链的两个重要技术分类。联盟链是面向联盟组织内成员开放的区块链技术架构，在申请获得批准的情况下加入或退出，享受区域链中的数字服务。公有链是面向全球所有用户开放的区块链技术架构，任何个人和组织都可以按照节点自由加入或退出，享受区块链上的数字资产服务等。由此可见，技术架构决定了区块链成为节点间相互协作共享的重要基础设施。

## 2. 科学推进区块链建设的进程

基础链与公共服务平台是区块链中两种新型的服务形态。

（1）基础链

基础链是由行业组织或领军企业发起，提供区块链底层技术架构的基础设施，以开源项目的形式由开源社区运营。公有链致力于充当细分应用领域的基础设施,目前在身份实名认证方面存在诸多安全隐患,难以达到我国监管要求。迅速发展的企业级联盟链弥补了我国区块链底层核心技术缺失等问题。

**(2)区块链公共服务平台**

区块链公共服务平台是区块链技术支撑服务的基础设施,多为行业组织建设或企业自建。目前区块链的应用与开发面临成本居高不下的问题,区块链的公共服务平台将技术架构嵌入云计算平台,用互联网理念,利用云服务优势来优化区块链的资源环境。企业层面,主要有阿里云 BaaS 平台、华为云 BCS 平台、百度智能云 BaaS 平台、腾讯云区块链 TBaaS 平台、京东智臻链 BaaS 平台等。行业组织层面,由中国银联、中国移动、国家信息中心等单位发起的区块链服务网络发展联盟,于 2020 年 4 月 25 日正式发布主导区块链服务网络(Block-chain-based Service Network,BSN)的建设正式运营并公测。我国工业和信息化部正积极建设区块链公共服务平台,筹建面向区块链创新应用的公共服务平台。当前国内区块链公共服务平台适配联盟底层框架,为国内用户提供应用服务。

目前,区块链新基建的规模还不够大,基础链公共服务平台和技术能力都处在探索的过程中,还没有定性其商业模式和应用模式。我们要理性看待区块链新基建的整体成熟度,了解新基建对实体经济的支撑力度,循序渐进地推进区块链新基建建设。

**一是明确主体职责**。在区块链新基建的推进过程中,领军企业具有较强的话语权。短期内区块链新基建将进入领军企业为牵引的市场主导阶段。国家部委将制定区块链新基建发展的整体方向，制定研发路径，重视核心技术的自主创新、在关键领域融合应用等。地方政府和行业组织将挖掘区块链的需求及新场景，使其发挥更大的作用。

**二是整合区域需求**。2021年是"十四五"重要任务的开启之年，也是数字经济发展和新型基础设施建设的重要机遇之年。国家层面高度重视行业发展，区块链作为一种数字技术，不仅将区块链的发展写入"十四五"规划中，并且从改革开放、脱贫攻坚等基本国情出发，在新的机遇和挑战面前，通过出台多项政策，推动区块链技术和产业创新发展，为我国社会经济发展提供了重要保障。

**三是聚焦技术创新**。区块链新基建应强化核心技术，减少对国外底层技术的依赖。这就需要建设独立的主流开源联盟链的技术构架，重视区块链加密、共识、跨链、存储等关键性技术的研发，并优化国内企业级联盟链的生态应用。同时要重点研究实名监管、数字代币监管，跟进公有链基础链发展，聚焦技术创新，与国外同步。

**四是加强业务协同**。目前，国内区块链公共服务平台以后端即服务(Backend as a Service，BaaS)为主，底层架构适配国内外多种基础链。区块链加强协同是刚需，开源社区、领军企业、行业组织应大力解决不同平台和平台内部不同底层架构的区块链互通互联问题，加强跨链业务协同。

# 第九章
## 新基建延展：卫星互联网与区块链开启数字经济下半场

如今，全球进入"区块链经济时代"，区块链和相关行业正在飞速发展，很多成熟应用相继落地。中国加快大力发展区块链技术，才能走在世界前沿。

## "链"接未来："区块链+"赋能"新基建"

从整体看，新基建主要分为两种类型：一是物理世界的基础设施，例如，新能源汽车充电桩、城际高铁等这类解决能耗、人员流通等问题的基础设施。二是数字世界的基础设施，例如，大数据、人工智能、工业互联网等。而建设数字中国，发展中国的数字经济是新基建的主要目的之一。

数字经济有双重含义，一是数字产业化，即把数据当作新生产资料而促成新的产业；二是产业数字化，即创新产业和传统产业利用数字技术建立新的商业模式。无论哪种含义都离不开区块链，需要利用区块链技术解决根本问题，区块链是数字基础设施建设的重要组成部分。

区块链技术被称为构建数字社会和经济的"骨架"。这是因为区块链的底层技术作用重大，包括数据备份安全、可信交易环境、数字资产化基础、智能合约、"去中心化"、数字身份证、数据即时同步等方面。数字经济会衍生出很多区块链系统和产业应用。各类项目都会衍生出很多各自领域的区块链系统，例如，智慧社区、智慧城市等。新基建需要区块链作为底层技术支撑，在数据同步、身份认证等方面打造可靠的系统。从这个角度而言，区块链是新基建中不可或缺的组成部分。随着新基建各类软硬件设施日益完善，未来还会产生更多的区块链应用，催生更多的商业模式。例如，互联网飞速发展，催生出能够即时通信的微信、QQ，方便人在线购物的、阿里巴巴、京东等电商。总之，与垂直性、目的明确的技术的人工智能、工业互联网、5G不同，区块链是横向性、连接性技术。也就是说，新基建各个领域都有一定的发展、改革和创新，区块链是能够将各个技术和领域即时打通并连接到一起的基础技术。而区块链因其互通互联的特点，深入融合各个领域，在新应用开发等方面潜力无限。

目前掌握区块链技术的公司会将技术转化为市场拓展能力，为企业赢得更多的利益。从2020年开始，越来越多的企业愿意分享区块链技术和服务，实现区块链真正的"普惠"，为大众参与区块连接提供更多的可能。

时至今日，区块链对于我们而言究竟意味着什么？抛开执念与偏见，我们应该如何对待区块链？

## 1. 区块链的产业化趋势

从已经落地的区块链项目中可以看出，区块链技术还不是很成熟，并不能解决全部问题，短时间内难以转化成产能效益，它亟须与物联网、云计算、5G、大数据等其他新技术融合。这是因为区块链更多是一种协作型技术，作用于生产关系；而云计算、5G 等是一种生产型技术，作用于生产力。当这种可信度高、公开透明的生产关系作用于生产力会大大降低协作成本，发挥出更大的价值。

而区块链与各个产业加速融合，势必会推动"区块链＋产业"时代的到来，很多省市已经开启了智慧城市项目，大力突出"区块链＋"的应用。

在大数据背景和政策的加持下，区块链深度调整行业，在混沌中追逐数字货币的时代已经远去，迎来推动中国产业结构升级、助力新旧动能转换的新使命。

## 2."区块链＋"赋能"新基建"的重点方向

我国教育、就业、养老、医疗、供应链等行业，在新基建的发展背景下，以信息网络为基础、技术创新为驱动，面向高质量发展需求提供数字转型、智能升级、融合创新等服务的基础设施体系，将区块链划分到新技术基础设施，与云计算、人工智能同列。

区块链赋能新基建有以下几个重点方向。

### （1）项目资金管理

区块链技术能够整体落实新基建庞大的资金，科学、有效、合理地使用资金并且把控风险，使其效率最大化。区块链技术充分利用数据存储、共识机制、点对点传输、加密算法、极难篡改等特征，形成基于区块链技术的项目,例如,预算管理、预算调整、课题监督管理、合同开发、发票管理、资金拨付、科研人员管理等。2019年,雄安集团使用区块链资金管理平台,利用集成管理系统,对拆迁、安置、建设资金进行透明化管理,具有资金支付、合同管理等功能,最大限度地实现了管理优化。

**(2)知识产权管理**

区块链记录的版权信息是极难篡改的,可以确保信息真实可靠。涉及版权使用的交易环节都会留下交易痕迹,并且可以全程溯源。区块链作为数据存储平台,其优势是更加高效、稳固、低成本。而在知识产权原创性证明、知识产权交换凭证、知识产权维权举证等方面,采用区块链技术进行存证固定的电子数据尤为关键。目前,杭州互联网法院、广州互联网法院和北京互联网法院已经全部接入区块链平台。

**(3)搭建信息共建共享平台**

2019年,国务院国有资产监督管理委员会、工业和信息化部联合发文鼓励共建共享电信基础设施。在5G基站建设中,区块链发挥着重要作用,由于区块链拥有高强度的防篡改、保护隐私等特性,在加强数据共享机制建设、确保数据安全的同时,在促进机构数据跨界共享上极具优势。高效实现核验身份、跨部门信息调用,在数据共享时保证个人信息不被滥用。

**(4)区块链+政务**

当下数字社会发展呈多样化、复杂性,区块链可以让治理和监管更加高效、有序、可信。在新基建先行先试的要求下，会加速区块链赋能各个行业及政务。区块链赋能政务会快速推进政务之间互联互通，打破原有的信息壁垒，实现数据安全传输、高效共享，让政务服务更加智能化、便利化。

**（5）工业互联网**

当前工业互联网发展面临两个挑战。一是网络互联互通性不佳，工业互联网数据接口访问结构不统一，缺乏统一的通信协议，使数据的获取和流通都比较困难；二是难以保障网络和数据安全，各个行业都有自己的特点和网络安全问题，难以形成通用的网络安全解决方案。

与其他行业不同，工业应用过程复杂，细分行业众多，除了人、机构外，还有工业设备参与其中。区块链能为相关的参与者可以更加可信、安全地分析数据规则和流程。在整个区块链中，要给区块链一个明确的身份，当设备、机构、个人都有身份职责后，工业生产组织可以通过共识的智能合约或分布式账本来组织相应的生产流程，让流程更加透明，提高生产组织效率。例如，企业可以通过区块链技术全程监控、管理企业的生产制造环节，以及串接起采购、销售等数据，真正实现数据可信。这不仅提升了工业生产管理的集中化、自动化和远程化，还能保证远程化管理可靠，数据安全性更高。

新基建范畴中纳入区块链，有助于区块链技术创新和成功转化。

另外，区块链纳入新基建也表明了新基建对新一代信息技术的融合要求更高。我们需要不断加强区块链技术创新，解决技术融合难题和大规模应用的难点，推动我国区块链更加完善的发展。

# 后记
## AFTERWORD

2021年12月4日,"2021数字基建论坛"在北京举行。本次论坛以"夯基业 筑未来"为主题,围绕数字新基建的机遇与挑战等问题展开了深度交流。

近年来,随着我国5G技术、云计算等快速发展,数字经济基础建设突飞猛进。如何让这些基建发挥更大的作用,是接下来所有行业在发展过程中需要思考的内容。根据中国信息通信研究院的不完全统计,目前我国企业的上云率仅达到30%,其他传统行业如工业、能源、交通等行业的上云率则更低,这与国外的发达国家相比还存在较大差距。根据麦肯锡等研究机构的数据统计,目前欧盟企业的上云率达到70%,而美国企业的上云率则高达85%以上。

为此,随着数字基建时代的到来,工业和信息化部大力推进数字产业化和产业数字化,持续增强全国的网络供给和服务能力。发布的最新数据显示,自我国5G投入商用以来,已建成全球规模最大光纤和移动宽带网络,5G终端连接数达到4.5亿户,5G网络覆盖全国所有地市,千兆光网可覆盖全国约2亿家庭。5G、云计算等数字经济基础设施建设不断完善，也必然带动以云存储为代表的细分行业飞速发展。

从总体来看，中国的数字产业化进程相对较快，为此在某些方面也存在"数据孤岛"现象及安全等问题。尤其是许多中小企业的数字化都只是刚刚起步。无论在硬件、软件还是管理体制等方面，都存在一定短板，不利于企业数字基建的建设与推行。但我国工业要实现智能化，迈向高质量发展，产业与行业的数字化进程势必要提速，这对相关行业发展提出了新的考验。可以说，未来机遇当前，但风险与挑战并存。

第一个挑战是我们要摆脱对外依赖，发展自主能力。全球受新冠疫情影响，国际竞争环境开始改变。原本与新基建相关的产品、技术可以稳定地从国外进口。如今这种局面被打破，因此，我们亟须突破外部束缚，开放合作，寻求新的突破，形成自主可控的供应链，发展自主能力。

第二个挑战是要处理好各地与整体、实践与统筹的关系。从中央到地方，建立有力的体制机制、组织，统筹规划，系统协调，搭建有效协作平台是高效推进新基建的重中之重。

第三个挑战是多元化筹措新基建资金。与传统基建不同，新基建蕴含技术、创新、跨领域等多重风险，面对诸多风险，需要通盘设计，创新投资分享机制，由中央、地方、企业、社会力量、个人共同参与，设计科学的风险分担和补偿机制是核心。

第四个挑战是新基建要提升从业者的数字化技能和消费者的应用技能，改革义务教育阶段的课程设置，针对新产业劳动者、科研人员的需求改革高等教育、职业教育体系，培养适时发展的复合型人才。

除了上述可能面临的挑战，对于接下来数字化基础建设可能带来的碳排放等新问题也不容小觑。这也意味着在数字经济时代，新基建覆盖的细分领域的经济和产业方式，将再一次被重塑，改变未来人们的生活与生产方式，引领我们逐步迈向无限接近元宇宙的新时代！